国家“双一流”建设学科
辽宁大学应用经济学系列丛书
智库系列
总主编◎林木西

数字经济助力东北振兴发展

The Assistance of Digital Economy to the Revitalization and Development of Northeast China

潘 宏 著

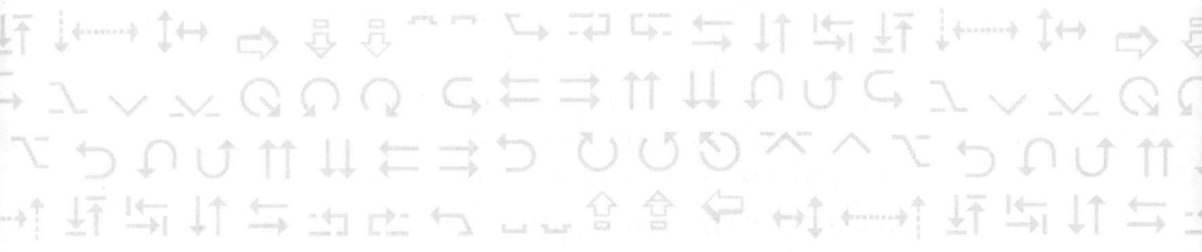

中国财经出版传媒集团
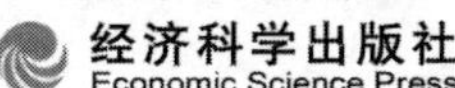
经济科学出版社
Economic Science Press
·北京·

图书在版编目（CIP）数据

数字经济助力东北振兴发展/潘宏著．--北京：经济科学出版社，2023.8

（辽宁大学应用经济学系列丛书．智库系列）

ISBN 978-7-5218-4919-6

Ⅰ.①数… Ⅱ.①潘… Ⅲ.①区域经济发展-研究-东北地区 Ⅳ.①F127.3

中国国家版本馆CIP数据核字（2023）第125478号

责任编辑：刘战兵
责任校对：隗立娜　孙　晨
责任印制：范　艳

数字经济助力东北振兴发展

潘　宏　著

经济科学出版社出版、发行　新华书店经销

社址：北京市海淀区阜成路甲28号　邮编：100142

总编部电话：010-88191217　发行部电话：010-88191522

网址：www.esp.com.cn

电子邮箱：esp@esp.com.cn

天猫网店：经济科学出版社旗舰店

网址：http://jjkxcbs.tmall.com

北京季蜂印刷有限公司印装

710×1000　16开　11印张　160000字

2023年8月第1版　2023年8月第1次印刷

ISBN 978-7-5218-4919-6　定价：45.00元

（图书出现印装问题，本社负责调换。电话：010-88191545）

本书为辽宁省社会科学规划基金重点项目“‘十四五’时期数字经济助力辽宁高质量发展研究”阶段研究成果。

本书为沈阳市数字经济研究院、辽宁大学数字经济研究院系列研究成果。

总　序

本丛书为国家“双一流”建设学科“辽宁大学应用经济学”系列丛书，也是我主编的第三套系列丛书。前两套系列丛书出版后，总体看效果还可以：第一套是《国民经济学系列丛书》（2005 年至今已出版 13 部），2011 年被列入“十二五”国家重点出版物出版规划项目；第二套是《东北老工业基地全面振兴系列丛书》（共 10 部），在列入“十二五”国家重点出版物出版规划项目的同时，还被确定为 2011 年“十二五”国家重点出版规划 400 种精品项目（社会科学与人文科学 155 种），围绕这两套系列丛书取得了一系列成果，获得了一些奖项。

主编系列丛书从某种意义上说是“打造概念”。比如说第一套系列丛书也是全国第一套国民经济学系列丛书，主要为辽宁大学国民经济学国家重点学科“树立形象”；第二套则是在辽宁大学连续主持国家社会科学基金“八五”至“十一五”重大（点）项目，围绕东北（辽宁）老工业基地调整改造及全面振兴进行系统研究和滚动研究的基础上持续进行探索的结果，为促进我校区域经济学学科建设、服务地方经济社会发展做出贡献。在这一过程中，既出成果也带队伍、建平台、组团队，使得我校应用经济学学科建设不断跃上新台阶。

主编这套系列丛书旨在使辽宁大学应用经济学学科建设有一个更大的发展。辽宁大学应用经济学学科的历史说长不长、说短不短。早在 1958 年建校伊始，便设立了经济系、财税系、计统系等 9 个系，其中经济系由原东北财经学院的工业经济、农业经济、贸易经济三系合成，财税系和计统系即原东北财经学院的财信系、计统系。1959 年院系调整，将经济系留在沈阳的辽宁大学，将财税系、计统系迁到大连组建辽宁财经学院（即现东北财经大学前身），将工业经济、农业经济、贸易经济三个专业的学生培养到毕业为止。由此形成了辽宁大学重点发展理论经济学（主要是政治经济学）、辽宁财经学院重点发展应用经济学的大体格局。实际上，后来辽宁大学也发展了应用经济学，东北财经大学也发展了理论经济学，发展得都不错。1978 年，辽宁大学恢复招收工业经济本科生，1980 年受中国人民银行总行委托、经教育部批准开始招收国际金融本科生，1984 年辽宁大学在全国第一批成立了经济管理学院，增设计划统计、会计、保险、投资经济、国际贸易等本科专业。到 20 世纪 90 年代中期，辽宁大学已有外国经济思想史（后改为西方经济学）、国民经济计划与管理、企业管理、世界经济、金融学 5 个二级学科博士点，当时在全国同类院校似不多见。1998 年，建立国家重点教学基地“辽宁大学国家经济学基础人才培养基地”。2000 年，获批建设第二批教育部人文社会科学重点研究基地“辽宁大学比较经济体制研究中心”（2010 年经教育部社会科学司批准更名为“转型国家经济政治研究中心”）；同年，在理论经济学一级学科博士点评审中名列全国第一。2003 年，在应用经济学一级学科博士点评审中并列全国第一。2010 年，新增金融、应用统计、税务、国际商务、保险等全国首批应用经济学类专业学位硕士点；2011 年，获全国第一批统计学一级学科博士点，从而实现经济学、统计学一级学科博士点“大满贯”。

在二级学科重点学科建设方面，1984 年，外国经济思想史（即后来的西方经济学）和政治经济学被评为省级重点学科；1995 年，西方经济学被评为省级重点学科，国民经济管理被确定为省级重点扶持学科；1997 年，西方经济学、国际经济学、国民经济管理被评为省级重点学科和重点扶持学科；2002 年、2007 年国民经济学、世界经济连续两届被评为国家重点学科；2007 年，金融学被评为国家重点学科。

在应用经济学一级学科重点学科建设方面，2017 年 9 月被教育部、财政部、国家发展和改革委员会确定为国家“双一流”建设学科，成为东北地区唯一一个经济学科国家“双一流”建设学科。这是我校继

1997年成为“211”工程重点建设高校20年之后学科建设的又一次重大跨越，也是辽宁大学经济学科三代人共同努力的结果。2022年2月继续入选第二轮国家“双一流”建设学科。此前，2008年被评为第一批一级学科省级重点学科，2009年被确定为辽宁省“提升高等学校核心竞争力特色学科建设工程”高水平重点学科，2014年被确定为辽宁省一流特色学科第一层次学科，2016年被辽宁省人民政府确定为省一流学科。

在“211”工程建设方面，“九五”立项的重点学科建设项目是“国民经济学与城市发展”和“世界经济与金融”，“十五”立项的重点学科建设项目是“辽宁城市经济”，“211”工程三期立项的重点学科建设项目是“东北老工业基地全面振兴”和“金融可持续协调发展理论与政策”，基本上是围绕国家重点学科和省级重点学科展开的。

经过多年的积淀与发展，辽宁大学应用经济学、理论经济学、统计学“三箭齐发”，国民经济学、世界经济、金融学国家重点学科“率先突破”，由“万人计划”领军人才、长江学者特聘教授领衔，中青年学术骨干梯次跟进，形成了一大批高水平学术成果，培养出一批又一批优秀人才，多次获得国家级教学和科研奖励，在服务东北老工业基地全面振兴等方面做出了积极贡献。

编写这套《辽宁大学应用经济学系列丛书》主要有三个目的：

一是促进应用经济学一流学科全面发展。以往辽宁大学应用经济学主要依托国民经济学和金融学国家重点学科和省级重点学科进行建设，取得了重要进展。这个“特色发展”的总体思路无疑是正确的。进入“十三五”时期，根据“双一流”建设需要，本学科确定了“区域经济学、产业经济学与东北振兴”“世界经济、国际贸易学与东北亚合作”“国民经济学与地方政府创新”“金融学、财政学与区域发展”“政治经济学与理论创新”五个学科方向。“十四五”时期，又进一步凝练为“中国国民经济学理论体系构建”“区域经济高质量发展与东北振兴”“国际贸易理论与东北亚经济合作”三个领域方向。因此，本套丛书旨在为实现这一目标提供更大的平台支持。

二是加快培养中青年骨干教师茁壮成长。目前，本学科已形成包括长江学者特聘教授，国家高层次人才特殊支持计划领军人才，全国先进工作者，“万人计划”教学名师，“万人计划”哲学社会科学领军人才，国务院学位委员会学科评议组成员，全国专业学位研究生教育指导委员会委员，文化名家暨“四个一批”人才，国家“百千万”人才工程入选者，国家级教学名师，全国模范教师，教育部新世纪优秀人才，教育部高等学校教学指导委员会主任委员、副主任委员、秘书长和委员，国家社会科学基金重大项目首席专家等在内的学科团队。本丛书设学术、青年学者、教材、智库四个子系列，重点出版中青年教师的学术著作，带动他们尽快脱颖而出，力争早日担纲学科建设。

三是在新时代东北全面振兴、全方位振兴中做出更大贡献。面对新形势、新任务、新考验，我们力争提供更多具有原创性的科研成果、具有较大影响的教学改革成果、具有更高决策咨询价值的智库成果。丛书的部分成果为中国智库索引来源智库“辽宁大学东北振兴研究中心”和省级重点新型智库研究成果，部分成果为国家社会科学基金项目、国家自然科学基金项目、教育部人文社会科学研究项目和其他省部级重点科研项目阶段研究成果，部分成果为财政部“十三五”规划教材，这些为东北振兴提供了有力的理论支撑和智力支持。

这套系列丛书的出版，得到了辽宁大学和中国财经出版传媒集团的大力支持。在丛书出版之际，谨向所有关心支持辽宁大学应用经济学建设与发展的各界朋友，向辛勤付出的学科团队成员表示衷心感谢！

林木西

2022年3月

目　录

第一章

数字经济全球发展情况

近年来，数字经济正在成为促进全球生产发展的一种核心引擎，在全球经济中所占比重不断上升。与其他产业形态不同，基于信息技术的数字经济不但和三大传统行业有着深刻的融合，而且在一定程度上已经超越了三大传统行业，对于世界经济格局的改变也有着重要和深刻的影响。如今，世界各国都已注意到数字经济所释放的发展红利，纷纷将发展数字经济作为振兴经济的关键抓手。

2020 年突至的新冠肺炎疫情严重冲击了世界经济格局。全球贸易保护主义和单边主义日益抬头，非经济原则性因素打破了原有的全球性产业链格局，给供应商市场带来严重影响。国际政治、外交、经济、文化等都在进行深刻的调整。因此，这次疫情打乱了世界范围内经济增长的节奏，迫使世界各国推进数字化转型，全球经济发展也随之转变，一种崭新的经济发展方式正在产生。

第一节　数字经济全球发展总体概况

一、数字经济全球发展概述

当今世界正经历百年未有之大变局。新一代信息技术是新一轮科技革命的核心要素。在此次调整转型中，产业经济时期的各个主要部门发生了结构性改变，线上服务、数字化转型、新个体经济、共享经济等新业态新模式快速涌现，数字经济与各大行业充分融合，展现出强大的生机与活力。

现如今，随着以云计算、大数据、物联网、移动互联网、人工智能等为代表的新兴数字技术的快速发展和普及应用，数字经济成为影响最广泛、更新最迅速、发展最活跃的新兴产业，也一跃成为推动世界经济发展的新引擎、新动力。各国纷纷抓住这一重要的发展机遇，布局科技与经济发展，推进各大领域的数字化变革进程，为新发展格局注入新动能。此外，各国陆续出台国家数字化发展议程，推进数字经济发展进程，抢占数字经济发展新优势，以抢占未来发展先机。此外，一些国际和区域性组织也表现出对数字经济发展的高度重视，将数字经济作为各国的战略部署和发展方向，不断提高数字经济治理能力和治理水平，数字经济已成为全球探讨的核心议题和焦点议题。联合国贸发会议发布了《2019 年数字经济报告》，报告指出了发展中国家数字化转型的发展空间，关注了这些发展中国家利用数据驱动经济的机会，同时也发现了这些国家在数字平台发展上所面临的限制，二十国集团（G20）、金砖国家、经济合作与发展组织（OECD）、亚太经合组织（APEC）等国际组织也将数字经济发展作为关键议题，通过一系列成果性文件，联合推动全球数字经济发展，助推全球经济复苏。

随着互联网经济浪潮的兴起，全球各国互联网普惠化进展迅速，成效显著。2012 年，全球互联网普及率约达到 34.3%，其中北美发达国家为 78.6%，亚洲为 27.5%，而非洲仅为 15.6%，[①] 其作为众多发展中国家的聚集地，互联网普及率明显落后于世界其他地区。许多发展中国家的这种数字经济“贫困”，加剧了世界各国经济发展的失调，对于世界各国经济的可持续增长以及全球化进程都产生了深刻的影响。因此，世界各国都在积极制定国家一级的发展战略和政策。

① 何枭吟：《数字经济发展趋势及我国的战略抉择》，载《现代经济探讨》2013 年第 3 期。

从总量上看，2016 年，二十国集团的互联网经济总量已经达到 4.2 万亿美元，互联网 GDP 的平均增长率已经提升至 4.2% 以上，较 GDP 的平均增长率提升 5% 以上。① 在国际贸易方面，对比 2010 年至 2015 年的数据，信息与通信技术服务出口增长近 40%。2015 年，信息通信技术贸易额高于 2 万亿美元。② 在数字制造硬件方面，工业机器人产量及增速水平创造历史新高。由此可见，数字经济在商贸领域呈现出强劲的发展势头。

在国际社会各方的密切关注下，全球数字经济贸易蓬勃发展。根据中国信通院的数据，2018 年 47 个样本国家的数字经济规模总量达 30.2 万亿美元，过半数国家的数字经济规模超过 1000 亿美元，中国的数字经济规模达 4.73 万亿美元，仍然位列美国之后，在全球排行中继续占据第二大数字经济体的位置。③ 2019 年，全球数字经济规模为 31.8 万亿美元，各国数字经济发展状况差异显著。如图 1－1 所示，2019 年全球数字经济规模前十名的国家分别为美国（130652 亿美元）、中国（51954 亿美元）、德国（24380 亿美元）、日本（23949 亿美元）、英国（17606 亿美元）、法国（11698 亿美元）、韩国（7995 亿美元）、印度（5856 亿美元）、加拿大（4540 亿美元）、墨西哥（3903 亿美元）。④ 面对数字经济全球化的发展趋势，各国政府纷纷采取行动，数字经济成为各个国家维持经济稳定增长的重要抓手，世界经济正在向数字化和信息化的方向发展。

---

① 郑学党、赵宏亮：《国外数字经济战略的供给侧实施路径及对中国的启示》，载《经济研究导刊》2017 年第 6 期。

② 王灏晨、李舒沁：《全球数字经济新形势与中国的机遇及挑战》，载《中国经贸导刊》2018 年第 5 期。

③ 中国信息通信研究院：《全球数字经济新图景（2019 年）——加速腾飞重塑增长》，2019 年 10 月，http：//www.caict.ac.cn/kxyj/qwfb/bps/201910/P020191011314794846790.pdf。

④ 中国信息通信研究院：《全球数字经济新图景（2020 年）——大变局下的可持续发展新动能》，2020 年 10 月，http：//www.caict.ac.cn/kxyj/qwfb/bps/202010/P020201014373499777701.pdf。

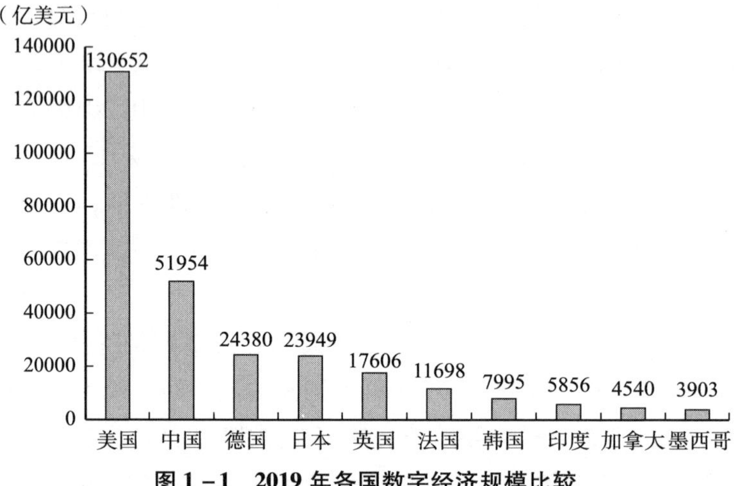

图 1－1　2019 年各国数字经济规模比较

资料来源：中国信息通信研究院：《全球数字经济新图景（2020 年）——大变局下的可持续发展新动能》，2020 年 10 月，http：//www. caict. ac. cn/kxyj/qwfb/bps/202010/P020201014373499777701. pdf。

数字经济在全球各国快速的发展过程中，也存在诸如平台竞争和数据竞争等问题。与此同时，各国为数字经济发展制定了多项顶层战略规划，并在规划中明确指出数字经济重点发展的目标定位，为各经济体深入推进数字经济产业领域发展提供了战略性意见，也体现了各国力争把握数字经济发展趋势、抢占数字经济发展高地的强大意志和坚定信念。

二、疫情下的全球数字经济

总体来看，疫情促进了各国各地区的数字经济发展，使数字与信息技术快速崛起，数字经济与社会紧密融合。疫情暴发以来，云计算、物联网等数字化技术已经在各地区的医学疾病防控、复工复产等领域中发挥了重要作用，数字化技术展现出了新的特征，主要体现在以下三个方面：第一，数字技术促进了疫情防控的数字化运作。这次疫情就充分显示出数字技术在应对流行性疾病、优化公共健康安全制度等方面的巨大优越性。第二，疫情下放缓了控制，各国对于数字化经济的监管和运行之间的关联性进行了重新审查。例如，美国健康和公众服务部（HHS）允许医疗卫生机构及医务人员利用 Google Hangouts 等平台进行线上会诊，为病人提供远程咨询治疗服务，以缓解疫情暴发期间医疗机构人满为患的紧张状况，从而满足人们大量的就医需求。第三，发达国家在数字技术的运用方面保持领先优势。例如，美国联邦应急管理局建立了基于“区块链 + 人工智能 + 大数据技术”的新型数字技术架构，链接产品生产与流通领域，快速实现了物资的按需投递，同时将金融数据及时储存，以满足对资金自由支配的需求，在疫情期间发挥了重要作用，对解决物资和资金需求提供了重要支撑。

此外，疫情也暴露出数字经济在发展过程中存在的一些问题，主要体现在各国对基础设施建设及其深度运用的欠缺方面。例如，在疫情期间，一些国家正在努力提高互联网宽带的传送效率和质量。由于网络视频及在线游戏的使用量显著上升，必须对其进行限制以释放带宽，并且确保为客户提供诸如远程医学、在线教育等关键性服务。根据日本综合研究所的调查，截止到 2019 年 3 月，中央行政部门有 5 万余项行政手续，其中只有 7.5% 可以在网上完成，暴露了日本在线业务尚不完善的问题，而这一问题导致日本在疫情期间各种救援补贴、贷款发放受阻，不可避免地导致补贴差错和疏漏频繁等问题。事实上，这种现象在世界各国普遍存在，这使得数字技术无法在抗击疫情中体现出其全部的实际价值。

从产业发展看，疫情全面加快了数字化进程，加速了数字化转型。当前，各国正将数字化转型作为政策重点，以弥补自身在疫情防控方面的不足。在短期，各个国家都正在迅速出台政策，以促进疫情防控向数字化转变。例如，自 2020 年 3 月起，美国开始实施一项“五年一期”的财政刺激计划，并额外拨出 5 亿美元抗疫经费，用于突破国家数字化医疗设备的核心技术，提高医疗器械设施的数字化水平。在 2021 财政年度预算中，欧盟为数字欧洲发展拨付了 13.4 亿欧元，用于维护互联网安全，支持行业数字化转型，助力医疗健康等领域数字化发展。在长期，各国旨在筑牢基础、补齐薄弱环节，整体提升国家数字经济水平。

例如，欧盟公布了自2021年至2027年长达7年的中期预算提案，拨付资金1.1万亿欧元，并制定欧洲复苏计划，拨付资金7500亿欧元，计划重点围绕绿色发展和数字转型，以寻求支持经济复苏和面向未来的国家稳定健康发展的长久之计。韩国也公布了数字化经济支持政策，计划到2025年投入76万亿韩元，以加快推进数字化进程为发展的最终目标，并把加快数字化、绿色化和普及就业作为发展的关键内容。

从竞争方面看，疫情加剧了各国数字经济的竞争。疫情的暴发和蔓延，不仅给数字科技产业带来了巨大的冲击，而且还给各国的宏观经济发展带来了全方位的打击。为此，各国陆续出台政策，号召扶持数字科技产业，给予数字科技产业政策上的倾斜支持，同时加强对国内企业的保护，并将其作为增强自身竞争实力的首选方案。例如，2020年6月，俄罗斯总统普京在发表全民电视讲话时强调，应出台系列税收政策调整IT行业的税率，充分降低强制性社会保险和利润的税率。这一方案的实行将带来科技企业的爆发式增长。作为一项史无前例的政策，这一政策的出台将使俄罗斯成为世界上IT产业税负最轻的国家。

总的来说，疫情帮助各国形成了新的竞合关系。科技行业变化的过程也是一个国家整体竞争力变化的过程。在疫情大暴发的阶段，一些国家在经济层面受到的影响较小，并且数字经济发展正处于初级阶段，这些国家也就获得了加大投资支出、扩大发展规模、拓展数字技术的难得契机，所以，从这一层面看，疫情也是促进数字经济兴起的助推剂。当前，各国正在积极制定各种激励政策，借发展东风助力本国数字经济发展。例如，2020年5月，阿拉伯联合酋长国启动第二个阶段的长期性刺激方案，加快引领数字经济的发展，并着力开发以5G技术、绿色经济、生物技术、人工智能等为核心要素的许多前沿科技，以推进经济数字化转型进程。2020年6月，越南对外宣布《至2025年国家数字化转型计划及2030年发展方向》，提出要大力发展数字政府、数字经济和数字社会，同时也要建立具有全球竞争力和影响力的数字特色企业，努力实现到2025年数字经济占GDP比重达到20%以上的目标。在谋求合作方面，很多国家开始努力突破数字贸易壁垒，建立新的合作伙伴关系，实现多方在数字经济领域的共赢，从而增强全球竞争力。例如，2020年6月韩国同新加坡宣布韩新两国正式启动“韩国—新加坡数字伙伴关系协定”（KSDPA）谈判，涉及跨境电商产品、电商服务、跨境消费等诸多方面，此次协定也是韩方一项全新的尝试，在打开两国友好通道的同时，也将为韩国数字经济企业进军东盟等海外电商市场提供发展机遇。

第二节 主要国家和地区数字经济发展现状

一、美国

美国数字经济起步最早，发展时间最长，因而相比于其他国家具有很大优势。中国信息通信研究院发布的《全球数字经济新图景（2020年）》等报告中的数据显示，2016年到2019年美国数字经济规模蝉联全球第一，这四年美国经济总量分别为108318亿美元、115000亿美元、123408亿美元和130652亿美元，数字经济总量占GDP比重分别达到了58.3%、59.28%、60.2%和62.3%[①]，这四年间的发展状况如图1-2所示。近几年内，美国先后出台了一系列数字经济政策和举措，对推动美国数字经济发展取得了显著成果，如《数字经济议程》《数字经济的定义与衡量》《美国国家网络战略》等战略文件，对数字经济发展中遇到的困难和对策进行了深入探讨，使美国始终保持着在数字成果应用上的领先优势。其中2018年发布的《美国国家网络战略》是特朗普网络空间政策成熟的产物，明确了未来美国数字经济发展的方向。

① 根据中国信息通信研究院发布的《G20国家数字经济发展研究报告（2017年）》《G20国家数字经济发展研究报告（2018年）》《全球数字经济新图景（2019年）》《全球数字经济新图景（2020年）》整理。

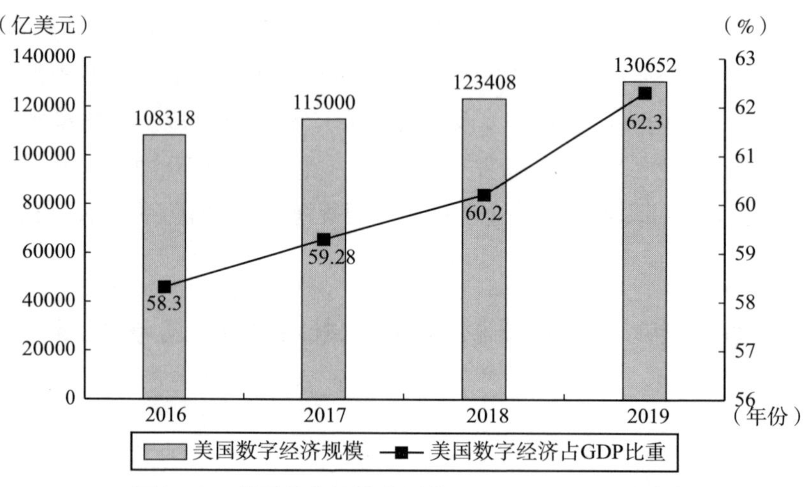

图 1－2　美国数字经济发展状况（2016～2019 年）

此外，美国政府出台重磅政策向数字经济基础设施建设倾斜。然而，在政治体制的影响下，频繁出现的政治斗争给美国基础设施建设造成很大挑战，也导致了美国基础设施建设的不稳定性。长期以来，美国作为世界大国，在基础设施建设方面却落后于很多国家，但大力支持投资新型基础设施建设，并将其作为国家推动经济发展的重要途径。在网络连接方面，美国政府加大了对网络新技术的研发力度，配合使用多项技术支持农村宽带的接入。2018 年，美国政府出台《美国重建基础设施立法纲要》，旨在对美国基础设施进行重大改革，包括对新型基础设施布局和重点领域进行重要部署，强调在人工智能、5G、区块链和物联网等新兴技术上加大政府投资力度。2021 年，美国公布年度财政预算，投资基础设施建设成为当务之急。

二、欧盟

欧盟各国信息化基础较好，且起步较早，具有天然的发展优势，位居世界前列。近年来，欧盟各国仍然将数字经济摆在十分重要的位置，数字经济对国家经济的贡献日益增加，成为欧盟经济增长的重要推动力。

但是面对美国数字技术的迅猛发展，欧盟各国正面临着越来越大的压力。世界银行统计数据显示，2019 年，欧盟经济总量约占全球总量的 15.77%，其中，欧洲公司占全球数字平台总市值不到 4%，远逊于美国，但其 5 亿人的市场规模意味着欧盟有机会在人工智能和大数据领域打造全新的全球规则。2018 年，在全球人工智能初创企业前 100 名榜单中，只有 4 家企业来自欧洲。因此，欧盟各国都希望通过各项务实举措帮助数字经济企业迅速成长，带给企业更大的前行动力，实现智能化和现代化管理，从而帮助企业获得更大的发展空间，推动各国数字经济腾飞，并在数字浪潮中占据一席之地。

与美国相比，欧盟更加关注数据安全、数字经济法律保护等领域。2018 年，欧盟全面实施了《通用数据保护条例》，它被称为历史上最严格的隐私法案。欧盟希望借此严格的监管手段，引导数字经济企业建立完善的数据保护体系，以更好地保障个人隐私不受侵犯，也为世界各国的个人数据立法保护树立榜样。有分析指出，欧盟数据保护水平的全面升级将不仅对欧洲各国产生影响，而且其影响将覆盖全球数字经济，对未来全球范围内的数字经济发展产生深刻影响。

欧盟还十分重视维护数字企业间的公平竞争秩序。为防止苹果、亚马逊和 Facebook 等大型科技公司垄断整个互联网市场，欧盟通过立法的方式规范科技巨头，以达到遏制此类公司反竞争行为的效果。2020 年 12 月，欧盟先后出台《数据治理法案》《数字服务法案》《数字市场法案》等新规，明确了数字服务提供者自身定位，旨在对各大网络平台起到严格监管的作用。新规的实施将有助于打破互联网平台垄断，遏制数字企业之间的恶性竞争行为，优化数字营商环境，赋能数字经济发展。同时，设立运作规范的公开市场机制和问责机制，旨在建立一个更加开放公平、竞争有效的欧洲数字市场。2020 年出台的三部新规与此前颁布的《通用数据保护条例》和《非个人数据自由流动条例》构成了欧盟数字经济的法律基础。

三、日本

与很多国家相比，日本对数字经济接触较早。早在1994年，日本政府就已经提出了“电子政府”的概念，并提出希望以此为基础，力争将日本打造成一个拥有高水平信息通信系统的国家。紧接着，日本在2001年提出《e-Japan战略》，明确将促进电子商务发展和建立电子政务作为未来发展目标，力争在五年的时间里把日本建设成世界上最先进的IT国家。然而，这一进程可谓十分缓慢，直到今日，日本的数字化发展仍然处于落后水平。2020年7月，联合国经济和社会事务部（UNDESA）对193个成员的政府数字化情况进行调查。结果显示，亚洲国家表现抢眼，而日本却从2018年的第10位跌至第14位，大幅落后于新加坡、芬兰、韩国等国家。

尽管对于日本政府来说，这一结果很难让人满意，但值得肯定的是日本政府为推动本国数字经济发展付出的努力。由于日本长期面临严峻的人口老龄化问题，劳动力较少使得日本经济长期陷入停滞状态，为了改善这一局面，日本政府更加重视数字技术与经济增长、民生与社会治理的深度融合。

一方面，为了推动产业数字化转型，日本政府积极探索路径，以期将产业数字化与数字产业化充分结合起来。2017年，日本经济产业省发布了“互联工业”战略，强调要灵活运用人工智能、大数据、物联网、云计算等科技手段，并将其应用于生产流通领域，从而大幅降低了生产流通领域的运输成本。此外，日本政府注重完善本国的信息基础设施建设，培育发展机器人、智能芯片等战略性主导产业，加快推进数字产业化发展。

另一方面，日本在国际上积极建立国际数字经济联盟，并将战略设计逐步转化为具有实际约束力的规章制度，自身的国际地位也随之不断提升。例如，2018年9月召开的第四次美欧日贸易部长会议将推动数字贸易和电子商务作为首要目标。在2019年的G20大阪峰会上，成员们发表了《数字经济大阪宣言》，共同支持 WTO 框架下的数字经济谈判。该宣言指出要正式启动“大阪轨道”，这也显示了各国在促进数字经济尤其是数据流动和电子商务规则方面的努力。日美欧利用三方机制及国际经济合作平台，推动数字贸易规则谈判，力图引领数字贸易规则的制定，落实发达经济体的意愿。

四、英国

中国信息通信研究院发布的《全球数字经济新图景（2020 年）》等报告的数据显示，2016～2019 年英国数字经济规模分别为 15358 亿美元、16800 亿美元、17287 亿美元和 17606 亿美元，占本国 GDP 比重分别为 58. 6%、60. 29%、61. 2%和 62. 3%①，呈现不断加速上升的发展势头（见图 1－3）。数字经济已成为推动英国经济发展的核心驱动力。在产业融合方面，综合来看，数字经济与第三产业融合度最高，其次是第二产业，第一产业融合度最低。从第三产业细分来看，服务业数字经济占行业增加值比重达 54%，其中公共卫生和公共管理等公共服务业以及金融服务业发展迅猛，通过发展数字技术打破服务业与其他行业间的壁垒，实现与服务业的紧密结合，不断实现数字化服务向智能化服务转型，服务业与数字技术的深度融合成为英国数字经济取得突破性进展的重要原因。此外，英国政府注重信息技术与传统经济的融合发展，带动传统产业向数字化方向发展。同时，随着数字技术的更新迭代，英国数字经济的深度不断拓展，数字经济占经济总量的比重日益增加。

① 根据中国信息通信研究院发布的《G20 国家数字经济发展研究报告（2017 年）》《G20 国家数字经济发展研究报告（2018 年）》《全球数字经济新图景（2019 年）》《全球数字经济新图景（2020 年）》整理。

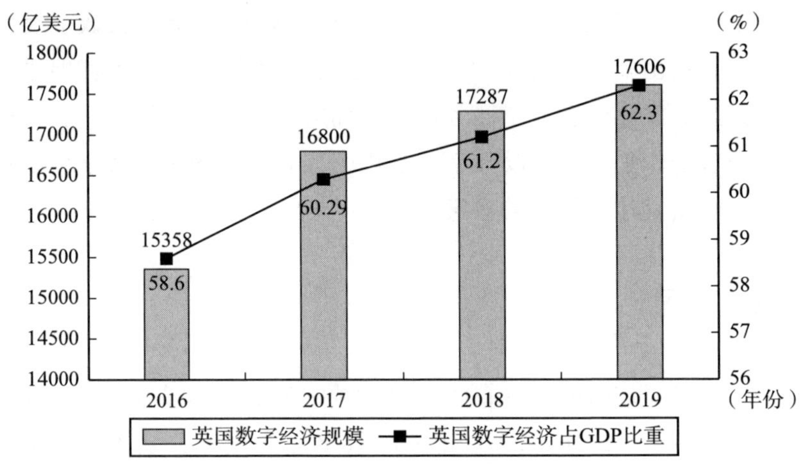

图 1-3 英国数字经济规模情况（2016～2019 年）

英国政府大力支持智能制造的发展。《英国工业 2050 战略》定位于英国制造业的长期发展，分析了这一领域现存的问题，提出了复苏改造计划，对未来英国制造业的发展格局进行了规划研究。该篇报告的主要观点是技术改变了生产。未来，信息通信技术、新材料等技术将与产品和生产网络相结合，影响产品的设计、制造以及使用方式。

软件市场稳健发展。英国软件产业集中度高，其产业领域分布广，涵盖了金融软件、数据开发、虚拟现实和增强现实等领域。软件开发过程实现了产业化管控，重点开发具有特定功能的模块，而对于特定的功能需求，只需要在更高的层次上进行集成，从而全面提高了软件开发的效率。

信息基础设施推动经济增长。英国拥有庞大的信息产业基地，有超过 11 万家相关企业入驻。这些高科技产业公司每年创造的收入超过 1000 亿英镑，解决了大量人口就业问题。此外，英国也是世界信息通信产业创新中心之一，有 20 多所大学在英国从事电信技术的前沿研究，还有 70 多所大学从事半导体研究。伦敦是欧洲通信企业的最佳落户地，信息与通信技术相关设施齐全且服务价格低廉。

电子政务水平世界一流。英国在发展电子政务方面表现突出，已经推出了一套完备的数字政务服务系统。在电子政务方面，英国政府始终做到将充分满足公众需求放在首位，旨在提供便捷的政府信息和及时的智能服务。英国在高水平电子政务的基础上，大力推进数据公开系统建设，在国际组织开展的政府公开数据普查活动中处于领先地位。这主要是由于英国在选举、污染控制、年度预算等十多个领域制定了公开透明的信息披露制度，有助于公众随时进行监督。英国在政府开放网站上公布的数据集和移动应用也较为丰富。

五、德国

为将自己打造成有国际竞争力和影响力的“数字强国”，德国陆续出台了《数字德国（2015）》《数字议程（2014～2017）》《数字化战略（2025）》《高科技战略2025》等政策，为数字经济未来发展确立了战略方向。

一是弥补数字鸿沟，全面推进数字化转型。联邦经济部对外宣布了经济数字化转型十个行动步骤，即“建设千兆光纤网络，开辟创业新路，明确政策框架，全面推进智能互联工厂建设，提高信息软硬件水平，推动中小企业数字化转型，帮助德国企业实践工业4.0，提高研发水平，加强数字化教育和培训，建立联邦数字机构”。这些行动计划涵盖了德国数字经济的多个方面，为在全国范围内普及推广、积极推进数字化转型开辟了道路。

二是助力中小企业数字化转型。中小企业为德国经济做出了极大贡献，即使是在全球经济动荡时期，中小企业的经济贡献也绝对功不可没，因此，伴随着信息化技术浪潮，中小企业如何把握数字经济的力量成为德国经济制胜的关键命题。2014年8月，德国政府发布了《数字议程（2014～2017）》，倡导数字创新促进经济社会发展，建立数字经济展示平台，为其数字化发展提供技术支持。2016年，德国政府发布《数字化战略（2025）》，以期将德国建设成为最现代化的工业国家。当前，推动中小企业数字化转型已成为德国经济数字化转型的十大行动步骤之一。为了推动中小企业数字化转型，德国政府采取了一系列举措，包括为中小企业营造公平的营商环境、提供优质的服务保障，探索出了一条适合中小企业发展的路径，对基于云计算的贸易和业务流程管理系统进行深入研究，并提供相关配套服务。在德国政府的支持下，德国中小企业取得了巨大成功，也为其他国家中小企业创新发展提供了重要经验。通过数字化“go – Digital”项目，德国将为中小企业提供网络安全、互联网营销和数字业务流程三个模块的外部咨询服务资金；通过“go – Inno”项目，德国将建立创新管理支持机制，利用该机制为规模较小的企业提供近一半的咨询服务费，从而提高创新管理的专业化水平。

三是积极实施“工业 4. 0”计划，不断升级高新技术战略。2013 年，德国政府正式提出“工业 4. 0”战略。作为工业实力最强的国家之一，德国在全球竞争压力下，为进一步提升国际影响力和竞争力，提出了“工业 4. 0”概念，旨在打造以信息物理系统为技术核心、以智能工厂为重要载体的工业信息化、智能化时代。此后，德国政府在 2016 年发布了《德国数字化战略 2025》，提出了十项数字化行动计划，并进行了具体描述，给出相应的实际措施，旨在继续巩固德国工业的地位，对加速“工业 4. 0”的实现起到了促进作用。德国“自省式”的危机意识使德国制造业发展迅猛。近年来，德国政府不断升级其高科技战略。2018 年，德国政府发布了《高科技战略 2025》。该战略作为德国高新技术发展的重要方针，明晰了未来七年德国研究与创新政策的行动计划，旨在进一步推动德国高新技术的发展，为德国的高科技发展提供参考方向。

六、新加坡

多年前，新加坡就提出了“智慧国家 2025”计划，成为首个推出智慧蓝图的国家。新加坡不仅拥有良好的发展基础，也有大批国际高端人才和技术指导，在信息技术应用方面，新加坡长期保持世界领先水平，并有望建成世界首个智慧国家。自智慧城市建设启动以来，新加坡在城市基础建设、交通管理、医疗卫生等领域重点推进智慧城市建设，为全球智慧城市建设树立了样板，也成为全球实践智慧城市建设的典范。新加坡凭借先进的基础设施，已经在全岛部署了7500多个Wireless@ SG热点。新加坡充分利用信息与通信技术，为各大行业提供网络化服务，简化了航空货运流程，实现了运输过程无纸化的操作，构建了强大的新加坡综合医疗信息系统。此外，新加坡的智能交通系统也因其超前的设计风格和强大的功能效果闻名全球。新加坡虽然国土面积小，但凭借前瞻性的交通规划，解决了新加坡的交通拥挤和堵塞问题，在智能交通系统的应用方面成功走在了世界的前列。推进智慧城市的系列举措正在让新加坡的生活方式变得更加智能，减轻工作和生活的负担。

新加坡政府十分重视人才教育培养。数字化转型对于提高新加坡国民生产总值做出了重大贡献，而数字化转型的推进离不开对数字人才的培养。为此，新加坡在教育方面也在进行数字化转型，重点训练数字技能，提倡数字化学习模式，培养综合型数字人才，巩固发展人力资源基础，并将数字人才作为国家数字化转型的第一资源。在数字人才培养方面，应用智能技术转变教育方式，鼓励相关机构通过设立奖学金等方式吸引和培育数字人才。新加坡政府不断放宽移民政策，吸纳国内外数字领域优秀人才。

新加坡政府持续推进智慧城市建设。智慧城市作为一种新兴的发展模式，也是数字经济的重要内容之一。新加坡在数字经济领域处于全球领先地位的原因之一正是新加坡在其国家战略规划中引入智慧城市建设。2006年，新加坡提出“智慧城市2015”计划，旨在将新加坡建设成一个以信息通信为驱动的智能化国度和全球化的智慧大都市。随着“智慧城市2015”计划提前完成，“智慧国家2025”十年计划于2014年拉开序幕，新加坡也从实现打造“智慧城市”的目标迈向了“智慧国”的目标。为此，新加坡推出了“国家人工智能核心”计划，重点关注城市治理、医疗卫生和金融科技三个领域，长期关注人工智能技术，以期解决社会热点问题和行业面临的各项问题。此外，新加坡将计算机科学方法应用于医疗保健领域，很好地起到了降低医疗成本的效果，此项技术的运用也极大改善了病人护理服务，全面提升了医疗质量。在智慧城市建设方面，新加坡注重加快产学研一体化发展和产城融合发展，为其他国家在智慧城市建设方面取得更多创新突破贡献了宝贵的运营管理经验。

七、韩国

在数据跨境流动战略方面，韩国出于国家安全考虑，对特定领域的数据流动实施控制，并基于互惠原则控制跨境数据流动。在实践中，2015 年韩国颁布了《云计算促进和用户保护法》，要求云计算服务提供商在为公共机构提供服务时将数据存储在本地。2020 年 6 月，韩国央行公布了从事数字货币研究的中长期发展战略。2020 年 7 月，韩国银行完成了央行数字货币（CBDC）的基本运作，并于 8 月开始了第二阶段的外部咨询。

韩国是第一个实现 5G 商用国家，5G 发展速度迅猛。现在，全球已经开始 5G 商用，5G 已经成为世界各国数字经济发展与经济竞争的战略重点。截至 2020 年 4 月，韩国 5G 用户总数已超过 500 万，仅次于中国，但 5G 普及率达到了 9.67%。可以看出，韩国在 5G 用户使用率方面处于领先地位，但其 5G 覆盖范围和网络质量仍有待提高。为此，韩国电信运营商从 2020 年开始建设高频基站，并计划在 2020 年 7 月起的 18 个月内在全国范围内投资 220 亿美元（相当于 25.7 万亿韩元），主要用于 5G 基础设施建设。

2020 年末，韩国政府公布计划，到 2025 年，完成以数字化、绿色化和稳就业为方向的投资约 76 万亿韩元，旨在推动数字经济和平台经济发展，投资新型数字基础设施建设，挖掘经济增长新动能。按照计划，韩国将加快构建基于人工智能的大数据平台，培养近 10 万名人工智能（AI）、信息安全、软件工程等专业人才，全面推广 AI、大数据等科学教育活动，提高全社会对人工智能的认知水平。

第三节 我国数字经济发展情况

一、数字经济的内涵及特征

（一）内涵

数字经济的内涵随着时代的发展不断演化，所涉及的内容也随着数字技术的不断迭代而更加丰富。数字经济的定义也必定是动态调整的，目前被广泛认可的关于数字经济的定义如下：数字经济是指以使用数字化的知识和信息作为关键生产要素、以现代信息网络作为重要载体、以信息通信技术的有效使用作为效率提升和经济结构优化的重要推动力的一系列经济活动。

数字经济的内容主要包括以下几个方面：首先是数字产业化。主要指的是信息通信业，集中覆盖了互联网产业、软件及数字技术服务业等多个领域。其次是产业数字化。通过数字技术赋能传统工业、农业和服务业，从而推动传统产业数字化转型。最后是数字化治理。以数字技术赋能传统管理，从而建立高效的管理体系，优化管理决策、行政组织、监督监管等过程，实现政府或企业等组织科学决策和管理。

（二）特征

数字经济主要有以下三个特征：

1. 互联网络变革了生产关系

互联网络为数字经济发展提供了基本载体，保障了信息的有效传递。数字经济的运行需要依托网络作为基础设施，没有网络连接就不能实现信息的有效传递。数字经济的运行还需要涉及数据的收集、处理、分析、运用、储存等诸多方面，因此还需要将这些要素连接在一起的网络平台。

2. 数据是重要的生产要素

数据是数字经济发展的第一要素，为其提供了源源不断的动力。数字经济之前，人类收集的数据都是孤立的，由于受到存储介质的限制，数据的收集也是有限的。随着技术的不断进步，我们可以利用随时产生的海量数据，这些数据可以是行为数据、交易数据以及在生产过程中形成的数据。企业可以通过数据分析改变商业模式，寻找目标客户，对客户进行精准画像。

3. 人工智能提高了生产效率

人工智能的快速发展，正在悄然地提升数据处理能力。人工智能在数据建模、语音识别、数字孪生、虚拟（增强）现实等领域融合，有助于实现数字经济核心技术与其他技术的最佳融合。通过人工智能驱动，可以大大提升传统工作的效率，推动生产效率提升。

二、我国数字经济发展历程

我国对大数据的研究始于 2012 年，以阿里、腾讯、百度等为代表的中国互联网大厂开始着手进行大数据开发和应用研究，迈出了数字化初次探索的脚步。2014 年，中国在政府工作报告中首次提出“大数据”概念；2015 年，中国提出“国家大数据战略”。2015 年初，李克强总理提出了“互联网 +”政府工作行动计划，目的是推动互联网、云计算、大数据、物联网等产业的发展，进一步促进制造业的转型升级。2016 年，G20 杭州峰会发布了《二十国集团数字经济发展与合作倡议》。

2017 年 3 月 5 日，在十二届全国人大第五次会议上，李克强总理在政府工作报告中表示，将促进数字经济加速发展，造福企业和公众。“数字经济”首次被写入政府工作报告。报告还指出要扩大数字家庭、网络教育等信息消费，促使电子商务、快递进入社区和走进农村，推动实体店销售与网上购物的交互融合，实现线上线下一体化发展。随着数字技术与互联网的发展，中国人民的消费方式不断发生变化，逐渐实现了转型升级，数字家庭信息消费为经济发展贡献了全新的增长点，数字经济迎来巨大的发展机遇，引发人们广泛关注。

2019 年 11 月，国家数字经济创新发展试验区在河北、浙江、福建、广东、重庆等地启动；2020 年 4 月，中央文件明确将数据作为一种新型生产要素纳入政策文件；2020 年 7 月，国家发改委、医疗保障局等 13 个部门联合发布《关于支持新业态新模式健康发展 激活消费市场带动扩大就业的意见》，要求打破惯性思维，深挖问题根源，以重大项目为契机迎合新的需求，扩大就业容量，提升就业质量，形成数字经济新优势。

2021 年，《中华人民共和国国民经济和社会发展第十四个五年规划和 2035 年远景目标纲要》将“加快数字化发展，建设数字中国”单独成篇，提出以数字化转型驱动整体生产方式和生活方式和治理方式变革，明确了数字化转型在顶层设计中的战略地位。省级“十四五”规划也强调要加快产业数字化转型，推动各行各业数字化赋能。“数字经济”被明确认定为推动中国未来经济发展的重要手段，“数字经济”一词也成为许多地方规划文件中的关键词。

三、我国数字经济发展现状

（一）国内数字经济高速发展

数字经济成为我国引领经济发展的核心动力。我国正在经历一场空前的数字化变革。数据已经成为连接创新、激活资金、培养人才、促进产业升级和经济增长的关键要素。以 5G、工业互联网、人工智能、云计算为代表的新基建项目正在加快数字生产力的部署和建设，以便为数字经济发展打下扎实的基础。数字经济已成为新时代背景下经济发展的新动能和企业、产业转型发展的重要抓手。

《中国数字经济发展白皮书》指出，面对严峻的疫情考验，国内数字经济仍然不断发展。数字经济逆势加速发展，显示出强大的潜能动力，对疫情防控起到了有力的支撑作用，数字经济更大的意义在于有效地推动了我国经济增长。此外，白皮书还总结了推动各地数字经济发展的典型模式和经验。总体上，各地区数字经济呈现出高、中、低梯次分布的特点。高梯度代表如北京、上海，凭借地区强劲的经济实力，发展速度领先全国；中梯度代表如重庆、辽宁，通过引进高质量数字人才，配合当地数字经济发展，形成了具有地区特色的数字产业；低梯度代表如甘肃等地，以区域的资源禀赋为基础发展劳动和资源密集型的数字产业。

1. 我国数字经济规模呈现逐步提升态势

我国数字经济规模持续增长。对比 2005 年数字经济的数据，可以看到数字经济规模从 2.6 万亿元逐步发展，经过十几年的不断增长，在 2019 年达到 35.8 万亿元，数字经济总体规模占 GDP 的比重也不断提升，从 2005 年的 14.2% 增长到了 2018 年的 36.2%，[①] 2050 年有望达到 50%。由此可见，数字经济在国民经济发展中的重要性不断攀升。

2. 我国数字经济结构更趋于合理

2018 年，我国数字经济结构中产业数字化的比重逐渐增加，表明数字技术融入实体经济的比重在扩大。数字经济结构中，产业数字化在 GDP 中的占比达到 23.1%，其中农业数字化占农业增加值的比重为 7.3%，工业数字化占工业增加值的比重为 18.3%，服务业数字化占服务业增加值的比重为 35.9%，产业数字化规模总量为 24.9 万亿元，各个产业有效利用数字化转型对拉动经济社会发展起到了很好的促进作用。数字产业化在 GDP 中的占比达到 7.1%，规模达到 6.4 万亿元，其中软件、互联网行业等领域增长速度最快，引领相关产业快速发展，不断释放活力。

3. 数字经济带动就业效果提升

数字经济对就业带来深刻影响，改变了传统的就业形式，同时数字技术加速了传统产业的转型，高技能就业岗位的需求增加，从而优化了

---

① 中国信息通信研究院：《中国数字经济发展白皮书（2020 年）》，http：//www. caict. ac. cn/kxyj/qwfb/bps/202007/P020200703318256637020. pdf。

就业结构。2018 年，我国数字经济领域创造就业占总就业人数的比重达到 24.6%，传统产业数字化转型提供了大量就业机会，成为我国稳就业的主要领域，创造的就业岗位达到 1.91 亿个。

4. 国内各地加大对数字经济发展的支持力度

近年来，各地政府陆续发布数字经济发展相关扶持政策。浙江省在全国最早提出发展数字经济，并将其作为全省发展的“一号工程”。随后，各地陆续出台相关文件，如广东省、贵州省相继发布了数字经济政策，陕西省印发了《陕西省 2018 年数字经济工作要点》，安徽省出台了《安徽省支持数字经济发展若干政策》。

2018 年，全国有 11 个省市数字经济规模超过万亿元，其中广东超过 4 万亿元。四大一线城市的数字经济占 GDP 的比重全国领先，并带动城市周边区域数字经济发展，形成了以点带面的辐射状经济梯度发展局面。天津、广东、浙江、重庆等省市数字经济占 GDP 的比重均高于全国平均水平。

（二）数字经济领域的国际合作获得深入发展

1. 深入推进双边和多边数字经济合作

双边机制和多边机制对数字经济的发展至关重要。2016 年 9 月，G20 杭州峰会通过了《二十国集团数字经济发展与合作倡议》，这是全球首个数字经济合作倡议。该项倡议准确地分析了数字化发展改造的历史性变革，为世界经济恢复活力提供了参考方向。自协议签订后，中国持续参与 G20 的数字经济发展，推广我国的数字经济发展经验，维护国家数字发展利益。此外，我国积极推动中欧、中俄以及与东盟在数字化领域的双边和多边合作，达成了越来越多的共识和务实合作，建成了多边战略合作伙伴关系。

2. 提高我国在国际数字规则制定中的话语权

我国通过完善数字化发展相关法律和法规，加快发展和完善了跨境数据流动管理机制建设，在颁布的多项法案中，最具代表性的成果为《中华人民共和国个人信息保护法》。该法既规定了个人信息跨境流动都处在监管范围，明确要求了“因业务需要，需向中华人民共和国之外提供个人信息者”的个人信息都出资按监管范围之内，又提出了一套更加完善的数据退出的可行路径。为了在加快此法律实施的同时能明确跨境数据流法律的实施范围，我国陆续出台了《海南自由贸易港建设总体方案》《北京自由贸易试验区总体方案》等多份政府文件，从而明确了我国数据跨境流通管理的规则。另外波谲云诡的复杂形势也要求我国加深国际合作，构建与其他国家合作的双边以及多边机制。

2020 年，我国与韩国、日本、泰国、新加坡、菲律宾等 15 个国家正式签署《区域全面经济伙伴关系协定》（RCEP），明确了电子商务的跨境数据信息流转的基本标准和准则，为形成健康公平、安全有效的国际市场交易环境奠定了基础。通过此协定，中国与其他国家在数据跨境流动方面建立了更加高效的合作机制。

四、数字经济发展存在的问题

（一）治理问题

当前，网络安全问题、数据治理问题等数字经济发展问题亟待解决。全球数字经济的快速发展，直接影响了传统的税收管辖权划分原则、现有规则对不同交易形式的适用以及税基的确定。现有常设机构规则规定，跨国企业在收入来源国境内设立常设机构时，来源国有权对归属于该常设机构的部分利润征税。但是，在数字经济时代，很多企业的经营和交易都是在虚拟的数字平台上完成的，常设机构无法被认可。随着互联网的普及，数字平台逐渐成为数字经济时代的主要组织形式。但近年来，平台企业并购频发、电子商务平台“二选一”、平台垂直整合、平台不兼容等平台垄断问题引起了学者的广泛关注。熊鸿儒通过研究数字经济时代平台垄断的成因和平台垄断对反垄断规则的挑战，经大量研究分析后提出要结合我国实际，健全完善反垄断监管体系。数字经济治理是国家治理体系的重要组成部分，全球数字经济的不断深入将为数字经济治理带来更多挑战和风险，因此，数字经济发展的规律是未来数字经济研究领域的主要研究方向。

（二）交易问题

当前我国数字经济发展的主要问题是缺乏对数据交易监管的法规和标准。虽然深圳等地已经开始出台与数据交易相关的法律法规，但数据从本质上通过交易流产生价值还是有必要的。数据权利的确定也需要完善立法。数据所有权的定义还不明确，特别是在挖掘和利用后的数据所有权划分方面。数据资产的价值难以评估，缺乏可靠的数据资产评估指标体系。除此之外，研究链还不完善，现在的交易主要是以匹配交易为基础，更多的交易是依据政府数据进行。数据事务处理方法较为广泛，主要基于 API、数据包等基本原始数据事务。数据的潜在价值难以充分发挥，缺乏与之匹配的数据挖掘、开发场景和技术人员。

（三）数字化发展水平参差不齐

1. 流通领域的数字化程度相对较高，加工制造领域相对较低

中国数字经济在流通领域取得了长足的进步，其数字化程度在整体上明显高于加工制造领域厂商。在加工制造业的投资、经营或产供销活动中，可以利用互联网平台和大数据分析解决上下游厂商的供需问题，但更难的是通过人工智能技术精准匹配消费者行为的大数据，使产品和服务最大限度满足社会的需求。现阶段中国的加工制造厂商能做到的只是利用人工智能来匹配已获得的历史数据，对于目前不确定性很强的数据是非常难处理的，更不要说应对未来数据。在制定产量和价格决策时，加工制造业厂商需部分依赖大数据分析。这种分析基于传统的不完全信息预测模型，但同时也需要关注与上下游企业关联、产品质量以及品种创新等方面的实时和未来数据。

2. 数据智能化不管是在流通领域还是在加工制造业领域均存在参差不齐的现象

现期，根据大数据分析能力和人工智能应用能力，厂商数据智能化

水平不管是在流通领域还是在加工制造业领域均可划分为不同的技术层级。总的来讲，现阶段几乎所有的厂商都能完成大数据的收集、储存、整合和分类，但是对于大数据的处理和加工，则只有极少数厂商能够进行，绝大多数厂商仍不能进行。中国的数字经济还处在起步阶段，厂商的数据智能化水平参差不齐，缺乏一个标准化、一体化的平台进行综合管理。

3. 厂商网络协同化水平分布不均

现阶段，我国厂商网络协同化水平也有明显的高低之分，即绝大多数厂商处于低水平，只有极少数制造商处于高水平。这是因为厂商网络协同化是厂商与厂商、厂商与消费者之间互相影响的投资、经营和消费行为。厂商的产供销大数据需要智能化处理。同时，数据智能化水平决定着网络协同化水平。所以，当绝大部分厂商处于数据智能化低水平时，其网络协同化也处于低水平。能够实现网络协同效应的仅仅是一小部分网络协同化水平高的厂商，比如阿里巴巴、腾讯等互联网企业已经能够利用构建网络化协同搭建服务平台来提升自身企业在互联网时代的核心竞争力，而大多数网络协同化水平低的厂商不太可能实现网络协同效应。

4. 中国现阶段仅有少数厂商步入“人工智能 +”阶段，绝大多数厂商仍处于“互联网 +”阶段

通过调研中国当前数字经济的实际发展状况发现，绝大多数厂商只是在现象形态上实现了数据智能化和网络协同化，实质仍采取“互联网 +”模式进行投资经营；仅有为数不多的厂商真正实现了数据智能化和网络协同化，也就是说，借助区块链、云计算、大数据、物联网、机器学习等人工智能手段来处理投资和运营大数据的厂商很少。因此，从数据智能化和网络协同化的实现程度看，中国当前的数字经济显著呈现出低技术和高技术厂商并存的二元格局。

五、建议

（一）政府发挥支持和示范作用，开放非涉密数据

当前，为数不多的几家外企掌控了云计算或智能经济的核心技术，国内数字技术巨头以自身商业利润为出发点，选择符合自身发展特点的具体措施，政府采取行政指导等形式促进信息技术的研发、普及和应用是很不容易的。与以往产业改革依赖交通基础设施建设不同，新一轮产业改革将更多地依赖信息基础设施建设。因此，政府需要通过自身的示范行为，推动信息技术的推广应用。鼓励科研院所在大数据运用领域获得突破性技术成就；指引高校开设大数据专业，培养大批大数据分析人才；对相关大数据项目给予企业研发补贴。除此之外，我国政府部门应积极主动公开非涉密数据，拓展大数据发展和运用空间。

（二）注意数字经济所带来的失业风险

数字经济的发展带动了就业，对推动地方经济发展具有十分重要的作用，但同时我们也应认识到数字经济、“互联网+”、人工智能等带来了技术性失业风险。数字化技术的发展在提高劳动效率的同时也取代了很多基础工作，导致一线基础工作人员失业，无人银行、无人超市横空出世，“前台无人化，后台数据化”的新业态新模式正在依靠智能化技术改变着我们的生活。幸运的是，数字经济的发展在服务业创造出大量的新工作岗位，很快把这部分失业人员吸纳，并没有带来太大的负面影响。同时，韩国、日本、德国、美国等国家工业机器人的密度远远高于中国，中国在未来机器取代人工的空间非常大。

除了技术性失业，我们还要注意数字经济可能带来的结构性失业问题。随着互联网交易的不断发展，电子商务巨头不断涌现，促使传统零售业转型。2013～2018 年，亿元以上商品交易市场逐年递减，现有传统商品交易市场交易量年均增速不到4%，仅为互联网销售的1/10。根

据《制造业人才发展规划指南》，预计到2025年，我国新一代信息技术产业、高端数控机床和机器人技术人才缺口分别为950万人和450万人。未来，解决人才缺口和结构性失业的主要措施是提高人才素质。

（三）高度重视数据安全，加大监管力度

数据是数字经济发展的核心要素，数据安全问题关系到数字经济发展的成效。尽管我国考虑到了数据交易安全，并制定了多部同数据安全与网络安全相关的法律法规，但随着交易规模的日渐增大，衍生的数据成倍增长。在全球数据开放的背景下，我们必须关注可能出现的数据安全风险。

当前，各个数据挖掘、开发和交易公司都有自己特有的数据标注和加密方式，这些方式需要经过权威部门的查验，同时国家也应该严格监管交易后的使用和流通过程。数据处理的标准不同给数据交易带来了多样选择，但也在一定意义上遏制了数据的交互融通，因此需要加大对数据安全的监管力度，制定相关行业规范引导企业行为，约束企业做法，出台类似“信息保护法”“数据安全法”“数据基础设施管理办法”“数据交易管理”“数据使用标准”等法律法规，同时，也要加大执法力度，推动标准落地，严格审查移动运营商、电商等平台企业掌握的用户信息，严禁企业将这些用于其他商业用途。发挥市场的主观能动性，尝试建立数据银行，进一步规范数据资产的使用，最终提升我国数据安全治理整体水平。

（四）加快推进产业数字化转型升级

数字经济与实体经济深度交融的主要方向是产业数字化转型。我国应把握这一发展机遇，结合新兴数字技术发展优势，推动传统产业朝着数字化转型方向融合发展，从而促进数字经济与传统实体经济的深度融合，实现信息互融和协同发展。充分利用网络已有优势，匹配工业、农业、服务业等产业转型需求，大力推动智能融合产业的发展，建立智能化、协同化、网格化数字经济体。稳步有序实施工业网络创新发展；开

设互联网与制造业融合发展试点，加快创新创业平台的建设；促进农业智能化、集约化发展，运用云计算、移动互联网、物联网等先进技术，构建智慧农业链条体系，提高农产品附加值，改进农业生产方法，优化“三农”网络服务体系，加快农业统筹协调发展，带动农业领域转型发展。

本章参考文献

[1]《加快转型，欧盟提升数字经济领域竞争力》，载《人民日报》2020 年 6 月 3 日。

[2]《数字技术助力全球疫情防控》，百家号－人民网，2020 年 5 月 8 日 https://baijiahao.baidu.com/s?id=1666085824870330306&wfr=spider&for=pc。

[3] COVID－19 outbreak shows Japan lagging in e-government services, Xinhua Net, 2020－6－28, http://www.xinhuanet.com/english/2020－06/28/c_139172134.htm。

[4] 何大安：《中国数字经济现状及未来发展》，载《治理研究》2021 年第 3 期。

[5] 何伟：《我国数字经济发展综述》，载《信息通信技术与政策》2021 年第 2 期。

[6] 何枭吟：《数字经济发展趋势及我国的战略抉择》，载《现代经济探讨》2013 年第 3 期。

[7] 焦勇：《数字经济赋能制造业转型：从价值重塑到价值创造》，载《经济学家》2020 年第 6 期。

[8] 李晓华：《数字经济新特征与数字经济新动能的形成机制》，载《改革》2019 年第 11 期。

[9] 刘传：《中国数字经济发展现状及问题研究》，载《科技与经济》2020 年第 5 期。

[10] 刘多：《全球数字经济新图景（2020 年）——大变局下的可持续发展新动能》，载《互联网天地》2020 年第 10 期。

[11] 刘淑春:《中国数字经济高质量发展的靶向路径与政策供给》，载《经济学家》2019年第6期。

[12] 数字经济论坛、阿里研究院、毕马威:《2018年全球数字经济发展指数》，转引自科塔学术，https://www.sciping.com/wp-content/uploads/2018/09/2018全球数字经济发展指数.pdf。

[13] 唐怀坤:《2021－2025年数字经济九大技术趋势展望》，载《通信世界》2021年第1期。

[14] 王春宇:《美国和欧盟的数字经济政策》，载《新经济》2020年第Z1期。

[15] 王灏晨、李舒沁:《全球数字经济新形势与中国的机遇及挑战》，载《中国经贸导刊》2018年第5期。

[16] 王雨青:《全球数字经济发展现状》，载《中国外资》2021年第6期。

[17] 韦倩青、宋丹:《新加坡数字经济发展经验对广西的启示》，载《广西经济》2019年第9期。

[18] 项梦曦:《全球数字经济发展驶入快车道》，载《金融时报》2020年12月10日。

[19] 殷兴山:《大力推进金融业数字化改革》，载《中国金融》2021年第12期。

[20] 张伟东、王超贤:《全球数字经济发展态势及应对策略》，载《中国国情国力》2020年第10期。

[21] 郑安琪:《英国数字经济战略与产业转型》，载《世界电信》2016年第3期。

[22] 郑学党、赵宏亮:《国外数字经济战略的供给侧实施路径及对中国的启示》，载《经济研究导刊》2017年第6期。

[23] 中国信息通信研究院:《G20国家数字经济发展研究报告(2017年)》，2017年12月，http://www.caict.ac.cn/kxyj/qwfb/bps/201804/P020171213443445335367.pdf。

[24] 中国信息通信研究院:《G20国家数字经济发展研究报告

（2018 年）》，2018 年 12 月，http：//www. caict. ac. cn/kxyj/qwfb/bps/201812/P020181219311367546218. pdf。

［25］中国信息通信研究院：《全球数字经济新图景（2019 年）——加速腾飞　重塑增长》，2019 年 10 月，http：//www. caict. ac. cn/kxyj/qwfb/bps/201910/P020191011314794846790. pdf。

第二章

建设数字中国

第一节　数字产业化

习近平在2018年的网络安全和信息化工作会议上强调："要发展数字经济，加快推动数字产业化，依靠信息技术创新驱动，不断催生新产业新业态新模式，用新动能推动新发展。"① 数字产业化是推动产业融合、实现产业数字化的基础，它通过将信息技术进行市场化应用推进数字经济发展。

一、数字产业化的含义和重要性

（一）含义

数字产业化是指通过创新大数据、云计算、人工智能等全新数字技术，并将之与传统产业融合，从而不断衍生数字产业。数字产业是数字

① 《习近平出席全国网络安全和信息化工作会议并发表重要讲话》，中华人民共和国中央人民政府网，http：//www. gov. cn/xinwen/2018 -04/21/content_5284783. htm。

经济发展的重中之重，统计上可以界定为所有单一产出数字产品或者数字服务的国民经济产业部门。

（二）重要性

数字产业的发展有利于推动科技、经济和社会的进步。首先，发展数字产业推动了当代科技的传播，能够更好地实现先进技术快速应用于生产活动。其次，正是因为数字产业的进步，现代数字技术才能够更多地参与相关生产活动，这大大加快了信息的传递速度，使经济信息得以更及时、更广泛地传播，从而间接地提升了生产与工作效率。此外，数字产业的发展有利于推动我国产业结构转型升级，促进各种新兴产业的发展。综上所述，数字产业的发展对国民经济结构的调整与改善十分重要，数字产业发展状况也已成为影响一个国家经济发展水平的重要因素。

二、数字产业的类别

数字产业是以发展数字技术产业为基础，利用数字技术工具收集、处理、存储、传输信息资源，围绕数据收集、传播，生产和供应与该行业相关的数字产品和数字服务。根据从操作到建模的转变过程，数字产业主要由四个部门组成：电子信息制造、信息和通信技术、软件和互联网以及人工智能。电子信息产业作为数据采集和存储的基础，主要从事此类硬件的研究、开发和制造，如计算机、集成电路、电子设备、安装器和传感器。信息通信产业主要是指现代数据传输中介相关产业，包括互联网、内联网、无线通信、卫星通信、移动互联网等。软件服务包括电脑程序、大型数据处理技术、电子商务、人工智能、区块链等。它能够向有关组织单位提供及时有效的信息，帮助它们做出科学的决策。互联网和人工智能产业包括互联网、人机交互、大数据、云计算、计算机视觉、人工智能技术的深度研究与发展以及智能语音等技术。人脸识别是一种人工智能，它包括人工智能技术在无人机等领域的三个层次应用。

三、数字产业化的发展状况

中国信息通信研究院发布的《中国数字经济发展白皮书（2021年）》数据显示，我国数字产业增加值规模不断扩大，2020 年超过 19 万亿元人民币，占 GDP 的比重约为 18.8%；数字产业规模不断扩大，数字产业增速虽有波动，但总体呈上升趋势。从数字产业内部结构来看，电信业、电子信息制造业比重不断下降，与此同时，软件与信息技术服务业、互联网与服务业发展迅速，促进了数字产业内部结构持续优化，彰显出我国数字产业已步入稳中向好的提质阶段。具体表现在以下几个方面：

（一）电信业基础支撑作用不断增强

稳定发展电信产业，不断加强电信业对数字经济和数字社会发展的支持作用。工业和信息化部 2021 年 1 月发布的《2020 年通信业统计公报》显示，2020 年，全国电信业总收入为 1.36 万亿元，较上年上升 3.6%。以上年价格计算，电信服务业的总产值为 1.5 万亿元，同比增长 20.6%。另外电信行业也实现了高质量发展，其中，固定增值业务营业收入实现 4673 亿元，成为重要增长点，它以云服务、IPTV、大数据和信息中心为主要业务。“双 G 传输”提速，固定宽带提速，移动网络覆盖范围扩大。到 2021 年 6 月为止，全国共开设了 961000 个 5G 基站，其具有可靠性高、传输速度快、延迟低等优点，可以满足很多涉及数字技术领域的传输需要。5G 终端已连接约 3.65 亿条线路，覆盖了全国所有地级以上城市，极大地促进了当地经济社会的发展。

（二）电子信息制造业稳步发展

在我国电子信息产业中，生产链不断升级，数字化水平持续提高，核心技术的短板弥补速度不断加快，市场份额不断提升。中国工业和信息化部运行监测协调局的数据显示，2020 年我国工业经济面临下行压力，但规模以上的电子信息企业保持稳定增长，与上年相比增长 7.7%。2020 年电子信息制造业固定资产投资增加了 12.5%，增速同比降低 4.3 个百分点，比上半年加快 3.1 个百分点。[①] 电子信息产业的固定资产投资方向聚焦创新，进一步优化投资结构以实现现代化。

（三）软件和信息技术服务业走向繁荣

近几年来，我国 IT 行业迅猛发展，营业收入和营业利润持续增长。2021 年工业和信息化部公布的数据显示，2020 年信息技术服务业营业收入为 49868 亿元，较上年增加了 15.2%，大数据服务和云服务融合发展，更好地实现了数据推动实体经济发展的能力，2020 年大数据服务和云服务共实现营业收入 4116 亿元，较上年增长 11.1%；信息安全产品和服务协同发展，创收 1498 亿元。软件应用呈现出平台化、服务化的趋势。2020 年软件产品营业收入继续增加，实现 22758 亿元。由于市场需求更加旺盛，2020 年工业软件产品营业收入达 1974 亿元，与 2019 年相比增长 11.2%，促进了工业领域的自主可控发展。嵌入式系统软件产业依然呈现高增长态势，2020 年实现收入 7492 亿元，嵌入式系统软件对于推动产品和装备智能化、数字化改造具有重要意义。[②]

（四）互联网和相关服务业展现蓬勃生机

近年来，政府通过政策支持继续引领互联网行业发展，此外，云计算、人工智能、大数据、5G 等新一代信息技术发展迅速，为互联网和相关产业的发展提供了强有力的支撑。数据显示，2020 年中国规模以上互联网和相关服务企业业务收入实现 12838 亿元，与 2019 年相比增长 12.5%，实现营业利润 1187 亿元，与 2019 年相比增长 13.2%。这

① 《2020 年电子信息制造业运行情况》，中华人民共和国工业和信息化部网站，https://www.miit.gov.cn/jgsj/yxj/xxfb/art/2021/art_c4cce23e73a04b49ab8729b0bc523fca.html。

② 《2020 年软件和信息技术服务业统计公报》，中华人民共和国工业和信息化部网站，https://www.miit.gov.cn/gxsj/tjfx/rjy/art/2021/art_f6e61b9ffc494c099ea89faecb47acd2.html。

与在科研上的大量投入是分不开的。2020 年研发费用达 788 亿元，比 2019 年增加 6%。互联网和相关服务业中分行业的互联网数据服务快速发展，其中，2020 年互联网数据服务（包括云服务、大数据服务等）营业收入更是实现 199.8 亿元，与 2019 年相比增长 29.5%。[①] 互联网和相关服务业不断扩大规模，迅速发展出新业态和新模式，显示出巨大的生命力。

四、数字产业化的模式

数字产业的本质在于数字技术知识的流动和数字产品创新活动的过程，其发展过程大致包括三个阶段：技术水平、产品水平和工业水平。根据数字产业驱动模式可分为研发机构驱动模式、龙头企业驱动模式和特色小镇驱动模式，分别从研发创新、技术应用、规模发展等环节推进数字产业的发展。不同的驱动力提出了不同的数字产业发展模式。

（一）研发机构驱动模式

研究开发机构是数字产业化的原动力。研究机构包括大学、新型研究机构、商业机构等，这样的主体是从数字经济的研究开发开始，推进数字模型的产业化。

由研究机构主导的基础研究和核心技术，为创新发展提供了不竭动力，是推动数字产业发展的重要因素。从科技的发展规律看，数字技术凸显出学科融合进步，不断形成新的学科，应用研究、基础研究、技术开发和产业化之间的交流越来越多，之前的学科界限更加模糊，创新能力的提高使研发新品的周期也越来越短。在新的国际形势下，数字技术创新与发展的世界格局发生了深刻变化。当前世界各国都意识到了数字科技发展的重要性，重视基础研究和核心技术的突破，争相抢占未来数

---

① 《2020 年互联网和相关服务业运行情况》，中华人民共和国工业和信息化部网站，https：//www.miit.gov.cn/jgsj/yxj/xxfb/art/2021/art_12c3219068d34c0494df817942a29fe5.html。

字经济发展的战略高地。

（二）龙头企业驱动模式

数字龙头企业是数字产业化的产品驱动力量。龙头企业驱动模式是通过开发优势产品、鼓励创业、稳住老市场开拓新市场等方式培育一批在新一代信息技术领域具有前瞻性且具备成果落地实力的数字龙头企业，引导其在产业和地区内发挥辐射、引领作用，带动小微企业发展，不断加快数字产业化进程。龙头企业往往在特定产业内处于领头羊的地位，建设规模大、盈利能力强、技术领先、人才丰富、资金储备充裕，在产业创新发展方面具有很大优势，可以引领众多小微企业进行转型发展。

（三）特色小镇驱动模式

特色小镇驱动模式是指聚焦人工智能和物联网等领域的企业，通过创立产品平台、培育孵化体系、完善创业生态，推动数字产业一体化建设，通过协同进步促进数字产业高效发展。特色小镇拥有一定的特色产业，如互联网金融和云计算、健康服务业等高精尖产业。近年来，特色小镇凭借自身优势，逐步成为推动供给侧结构性改革的战略支撑，以全新的发展模式催生新产业、新业态、新动能。

五、推动数字产业高质量发展的对策建议

（一）强化基础研究和核心技术突破

巩固科研基础是创新活动的基础，是核心技术取得突破的关键，更是国家安全稳定的根基所在。在当前全球化背景下，任何一个国家进行基础研究，都不能闭关锁国，必须了解、熟悉其他国家的发展水平，适时适度做出调整，不断优化发展部署以适应当前国际发展的需要，抢占战略高地。

从国家层面出发，各国应发挥主导作用，及时实施战略部署，重视精尖技术突破，根据国民的需求确定当前应优先发展的产业，加强战略科技力量建设，争取抢占形成竞争优势。加强科学技术基础研究、科技开发和示范应用能力，力争使人工智能、大数据、集成电路等技术水平居国际领先地位。加强基础研究和技术革新的综合发展，强化创新主体的协同，降低不同创新主体之间的交互成本，努力使创新链不磨损。最大限度地利用资源，加快革新进程。

从大学和科研机构层面出发，加快产业创新中心和创新服务能力的建设，组织学习信息软件、工业软件等重要技术，争取取得一系列重要创新成果，努力掌握科技和经济发展的主导权。加快建立“政产学研协同创新”数字经济平台，构建统一的科技服务体系；鼓励高校和科研院所共享科技成果，完善科研成果分配激励机制，实现收入转化。

（二）优先发展数字龙头企业和产业集群

一是加强创新成果转化合作，充分利用相对完善的产业链，作为生产研究和科研合作的主要组成部分，集中力量开展创新资源研究。二是努力建设世界先进数字企业，进一步研发融合型智能新产品，同时，支持发展云计算、大数据、互联网等方面的龙头企业，加强技术突破和产品升级。三是建设世界级数字产业联合体，推动建设以数字产业为核心的特色小镇，充分发挥特色小镇在建设数字产业平台和优化创新创业生态方面的引领作用，努力实现产城融合、创新创业、人才集聚的新发展模式。

（三）进一步加强数字产业的政策支持

数字产业和传统产业不同，管理和监督的逻辑有所差别。因此，政府应当及时适应和优化相关产业政策。第一，加大财政支持。通过增加财政支出鼓励数字产业创新，同时政府应该积极参与新产品的招标、采购和科技成果的转化。同时，政府也要积极推出各种政策，通过政策保障促进数字产业项目落地生根。第二，创新金融支持政策。积极设立基金，引导政府投资数字产业，鼓励民营企业参与数字技术创新。第三，创新人力资源发展政策。政府要加强对数字经济、技术和相关产业的关注，从融资、住房、医疗保险、社会保障等方面改善各类人才的待遇。鼓励和发展数字及跨境综合管理人才，为他们提供适当的优惠。第四，优化数字产业监督管理政策。加强对数字产业发展规律的研究，随着时间的推移，需要不断改进法律制度。比如确定数字知识产权、数字资源保护和隐私、数字税收等相关法律法规，为数字产业的发展提供完善的制度保障。更重要的是，政府要学会积极运用大数据、云计算等技术手段，加强对行业发展的监管，制定符合数字经济发展特点的竞争政策，为数字经济的发展保驾护航。

第二节　产业数字化

一、产业数字化的发展背景、定义和现实意义

（一）发展背景

从技术发展来看，数字科技创新加速了经济社会形态和运行模式的变革，一场更大范围、更深层次的科技革命和产业革命正在重构全球创新版图、重塑产业发展方式。从政策形势来看，数字经济已经成为到国家发展战略的一部分，在数字经济蓬勃发展的时代背景下，产业数字化已经成为实现数字经济和实体经济深度融合发展的必由之路。

（二）定义

产业数字化即国民经济各行各业应用数字技术而带来的产出增加和效率提升，是数字经济融合的重要部分。

（三）现实意义

产业数字化发展对企业、产业和宏观经济都很重要。从微观看，产业数字化可以提升企业效率；从中观看，产业数字化塑造了企业协同作业的格局；从宏观看，产业数字化加速了新旧动能转换。

1. 数字化助力传统企业蝶变

随着全球化的减速和中国劳动力优势逐渐消失，中国传统产业面临着越来越严峻的挑战。需求不足、品牌效益低、竞争激烈、生产能力过剩等问题日益严峻。同时，数字科技进步不断加速，数字服务的覆盖范围不断扩大，逐渐涵盖金融科技、资金管理、数字农业、数字农村、数字营销和智慧城市等领域，数字技术、技术进步和现实产业快速融合，数字化技术赋予传统企业新的转换动力，加快了革新的步伐。数字知识和技术不断向各个行业深入发展，引导三次产业融合发展，呈现出各领域协同配合齐头并进的崭新景象。

2. 数字化促进产业提质增效

数字化有助于降低生产、物流、仓储、销售等各个环节的成本以提高效能。首先，数字科技通过提升产品生产制造过程的自动化和智能化水平，减少了人工成本和时间成本，可以大幅降低产品的研发、制造成本，显著提高生产效率。其次，基于互联网平台，可以灵活地进行生产、出库等，根据需求实时调整方案，减少存储、销售等环节的成本。此外，数字化可以优化产品的生产流程，帮助管理层进行科学决策，进一步改善产业效率、升级成本结构，以降低边际成本的方法扩大产业规模，并形成规模效应和网络效应。

3. 数字化孕育新业态新模式

当今，物联网、移动互联、云计算、大数据、人工智能、区块链等新型数字科技层出不穷，医疗、教育、文旅、出行等领域均研制出线上应用程序，改变了传统的生活方式，并不断催生出共享经济、平台经济等新业态、新模式。与此同时，数据已经成为新的生产要素，以大数据、人工智能、5G 为代表的数字技术可以创新生产、分配、交易和消费等经济社会各个环节，这进一步促进了各环节核心技术的成长，加快了科技成果转化为生产力的脚步，实现了数字产业化。

4. 数字化助推行业价值重塑

将数据融入实体是发展数字经济的根本出发点与落脚点，也是数字化的根本任务。数据是连接线上和线下的媒介，通过将物理世界的各个维度的信息以及不同类型产业知识数字化的过程会产生海量数据，分析数据并将结果反馈到实际生产生活中，能创造更多的价值。同时，数据可以打通产业链各环节的内外部连接，行业各方用交流互通替代自我封闭，通过数字技术实现多产业、多链条的网状串联和一体化，进而催生更大的产业价值和客户价值。

二、我国产业数字化的现状

为推动产业尽快实现数字化转型，国家、社会均发挥了巨大的驱动作用，目前传统产业数字化转型整体进度加快，我国产业数字化转型已经取得了明显的效果。

（一）数据要素成为产业数字化的发展之源

一方面，数据是最基本的要素资源，任何网络数字活动都离不开数据的支持，数据引领生产要素发生变革，实现共享、协同、高效、创新发展。另一方面，数据已经成为企业重要的资产，驱动互联网、物联网、大数据等新兴产业增益增值，不断激发企业、新兴产业的创新能力。

（二）科技平台成为产业数字化发展的关键

科技平台改变了企业传统的运作模式，将生产、管理、服务等各环节与大数据紧密联系，推动了数据要素与劳动、技术、资本、市场等传统生产要素互通互联，极大地优化了资源配置，提高了效用，并且催生出许多新的经济模式。一方面，科技平台帮助企业进行数字化转型，提高了企业的生产、管理、创新、服务效率。另一方面，科技平台推动产业协同发展。重点龙头企业为小微企业树立了典型发展模式，互联网优势企业进行科技创新为产业的转型提供了支撑。

（三）服务业成为产业数字化发展的引领产业

我国服务业在进行数字化转型方面已经取得了很大的进展，一方面是因为我国人口数量庞大，具有很大的消费能力，另一方面是因为数字化转型对服务业有很大的需求。电子商务、平台经济等新产业精准高效发展，生活消费、教育、医疗等传统服务业转型步伐加快，数字技术得到广泛应用。

（四）政企协同成为数字化转型发展的核心动力

一方面，政府引领一体化数字政府建设，我国多个省、自治区、直辖市的政府部门以及其他公共组织均已开通网上政务服务平台。另一方面，许多企业开始关注并着力推动数字化转型，2018 年，绝大多数的全球 1000 强企业和中国 1000 强企业都将数字化转型作为企业的战略核心。

三、我国企业在产业数字化进程中面临的问题

随着移动互联网和数字科技的快速发展，各行各业都在进行深度的数字化转型。我国行业龙头企业由于具备良好的基础，已经通过数字化转型实现了产品产业的升级，展现出以消费升级、服务升级、产业升级为特征的产业数字化新业态、新模式。但是还有很多中小微企业在数字化转型方面进退两难，由于资金短缺、数字技能不足、战略认识受限等问题，进行转型受到束缚，而拘泥于现状又会被时代发展淘汰。主要表现在五个方面：一是缺乏数字转型能力导致不知如何进行转型；二是进行数字化转型需要大量资金，而小企业通常不具备过多闲置资金，从而造成无法转型；三是中小型企业招不来、留不住受过数字化培训的新型人才；四是企业领导层无法制定出明确的数字化转型战略；五是企业内部的多层组织模式未发挥效应，存在不同层级不同思路的问题。

四、产业数字化的发展趋势

（一）数字科技赋能产业数字化转型提档加速

数字技术是一个由基础科学、核心科技和应用科技共同构成的包含一系列前沿技术的庞大技术谱系，谱系中的成员不是一成不变的，会随着科学技术的发展不断更新。数字科技已成为连接传统实体经济和数字经济的桥梁。通过推动全产业链融合发展，数字技术能够精准识别行业发展中的漏洞，准确分析、满足客户的不同需求，预警防范行业中风险，不断拓宽产业数字化的发展路径。

在数字科技的助力下，传统产业正在进行不同程度的转型。数字化基础良好的传统产业摸索出适合自身发展的路径，不断扩大规模，而数字化基础较为薄弱的传统产业也意识到转型发展的重要性和必要性，借乘数字东风奋力追赶。

数字科技可以使生产要素发挥更大效用，优化企业的生产运作流程，对各种环境进行精准的预测、细致的处理、及时的反馈，使企业实现可持续发展。更为重要的是，作为高新科技，数字科技不只局限于发展质量好、速度快的城市，也正在努力帮助中小城市、农村地区实现数字化转型，真正使科技惠及全体人民群众。

（二）场景化应用引领产业数字化发展新方向

经济社会和产业发展归根结底是为了人民。不平衡不充分发展已经无法满足人们日益增长的美好生活需要，生活生产中产生了各式各样的需求，因此需要触发新业态、新场景来适应当前的需要。未来的场景化应用具有标志化、深度化等特点。

“标志化”场景定制成为产业数字化加速落地的“试验器”。产业进行数字化转型没有标准的模式，需要一步步探索，过程普遍具有周期长、难度大、成本高的特点。企业基于利润最大化的目标，着重解决制约产业发展的瓶颈问题、产业链等关键节点问题、有代表性的场景应用问题。

“深度化”场景应用是引领产业数字化发展的“助推器”，既是产业数字化转型的客观要求，也是转型成功的直接表现。数字科技和传统产业融合发展，助推实体经济的发展，带动传统产业的转型升级。

（三）“共建共享共生”成为产业数字化转型的关键

融合发展是产业进行数字化转型的关键。任何公司都无法通过单打独斗实现真正意义上的突破，只有和数字科技进行深度融合形成乘数效应，才能最大限度地实现共赢。其中，传统产业是转型的基本动力，以“信息化、SaaS 化、移动化、AI 化”为主要特征的数字化企业服务是转型的技术动力。传统产业由于对前沿科技缺乏深度掌握，在数字化转型过程中需要与科技公司“共建共享共生”，通过产业与技术底层基础设施共建，实体与实体生产要素资源共享，实现产业链内部环节及不同产业的跨界共生。

转型初期，不同产业、不同企业在基础设施、拥有人才数量和数字技术的使用等方面与平台处于分离的状态，未能完全适应新型经济模式。近年来，因为数字科技与传统产业加速融合，产业数字化将采用共建共生的模式，努力推动数据和技术应用在多产业、多链条的网状串联和协同发展，逐步实现组织架构重塑、产业模型自我迭代优化、产业生态自我良性循环，进而创造更大的产业价值和客户价值。

第三节　数字政府

2021 年 3 月 11 日，十三届全国人大四次会议审议通过了《中华人民共和国国民经济和社会发展第十四个五年规划和 2035 年远景目标纲要》，提出要迎接数字时代，提高数字政府建设水平，政务处理过程中广泛运用数字技术，不断优化业务办理流程和提高服务效率，推进政府治理模式创新，提高政务决策的科学性、可行性。数字政府建设是“十四五”时期的重要工作内容。

一、数字政府的定义

“数字政府”是一种现代化的高水平新型政府形态，以新一代信息通信软硬件技术及资源为支撑，借助信息化、网络化、智能化手段将实体政府在逻辑上虚拟化，实现线上办公办事、精准处理政务、政务服务一体的新型政务模式。

清华大学公共管理学院教授孟庆国指出，作为电子政务发展高级阶段的“数字政府”，是政府部门在大数据、云计算、物联网等新一代信息技术支撑下的数字化改革。它重视和强调的不是信息技术的升级，而是政府如何利用信息技术这个工具进行数字化转型。所谓的数字化转型，其基本含义在于政府运用数字技术使其工作流程更加简洁化、服务方式更加多元化、办理事务更加高效化等，以此实现政府治理模式创新发展，完成转型升级。数字政府是政府数字化转型的结果，它代表着一种新的治理模式和服务典范的变迁。

二、数字政府的内涵

数字政府的内涵主要包括以下四个方面。

（一）协同

建立健全整体性治理视角下的政府协同治理机制，增强战略引导能力，夯实国家治理基础，提升整体治理社会化水平。主要体现在建立敏捷型的组织管理方式：在处理涉及资金管控、人员编制等方面的事务时侧重于协同管理，整合数据资源，加强共享力度，实现数据管理一体化、协调化。

（二）智慧

充分利用信息技术提升治理水平。主要体现在办公效率提高，防范化解潜在风险能力增强，实现监管的精准化、全面化以及科学性社会治理。

（三）开放

打造透明数字政府，构建开放的政务应用生态。主要体现在以下三个方面：推进政务全面公开，建设“透明”政府；推进政府数据开放，鼓励非政府组织参与公共服务的改造；消除数字鸿沟，实现数字化的无差别服务。

（四）创新

政府在进行数字化转型的过程中要充分起到统筹全局的作用，推动政府治理向科学高效的现代化、智能化方向转变。主要体现在以下三个方面：要进行数字政府制度的创新、服务模式的创新，以及改革方法的创新。

三、数字政府建设的必要性

（一）数字政府建设是推进政府治理现代化的重要途径

建设数字政府是将数字技术应用到满足公共需求、解决公共问题、实施公共治理过程的产物。数字技术的日益广泛应用和快速发展，将不断推动政府的服务方式、治理模式和决策方式进行转变，提供精准化的服务以适应群众日益增长的需求，改变以往利用经验进行决策的模式，转为智能化研判式，协同社会全体进行监督管理，为全面推进服务改革创新发展提供强有力的实践途径，从而实现政府治理更加廉洁高效。

同时，数字政府也是推进我国数字建设的重要引擎，对完善我国政府当前的治理结构、助力政府治理体系和治理能力现代化提供了有力保障。特别是在抗击疫情期间，数字政府建设成效显现，对疫情防控发挥了重要效能，展示出巨大的优越性和正确性，并且在未来还会有很大的发展空间。

（二）加强数字政府建设是当今世界发展的潮流

数字政府已经成为世界各国顺应时代潮流的必选模式。联合国秘书长古特雷斯呼吁全世界各个地区利用数字技术建立起桥梁，将数字化带来的福利惠及所有人民。第七十四届联合国大会主席穆罕默德·班迪表示，“国际社会应该抓住新兴数字技术带来的机遇，推动全球可持续发展目标加速实现”。可见，当前推动数字技术在各领域的应用是各国发展的主旋律，尤其是在疫情袭击全球的大背景下，借助数字技术提高政府执政决策水平是每个国家必须攻克的课题。

《2020联合国电子政务调查报告》显示，在疫情防控期间，大部分国家和地区的政府部门均借助数字技术了解公众的需求和困难，及时发布疫情相关信息，从而降低疫情传播速度，缩小传播范围，起到国家管控的目的。例如法国政府上线了全面细致的疫情信息公开平台来及时向群众发布通知，并研制出可以查询患者旅居史以及当前所在位置的手机应用程序。电子政务系统通过提供线上服务及时收集、分享信息，政府借助这一平台与民众实时保持联系，准确了解当前防疫措施的效果与不足从而做出正确决策，提供更高效、更可靠的服务。为适应疫情常态化下的防控要求，韩国提出未来在更多领域推广无接触服务、个性化服务系统，日本政府争取实现行政手续全部在线办理。加纳、肯尼亚、乌干达等非洲国家逐渐建立起“开放式创新中心”，使政府和社会可以共享各种各样的信息，提高大众的参与度与政府决策的可行性。

如今，数字政府建设正在世界范围内如火如荼地推进，利用数字渠道拓宽信息传播、进行政府与群众的有效沟通已成为潮流趋势。各国纷纷出台系列政策推动电子政务转型，加速“数字蝶变”，大力推进数字政府建设成为世界各国的普遍共识。

四、我国数字政府的发展水平

政府信息化工作的发展历程包括电子化、网络化、数字化、智能（智慧）化四个阶段。目前我国电子政务网络设施基本全面覆盖、网络化阶段的建设内容基本完成，数字技术逐步与政府办公过程融合，从整体上来说，我国的数字政府建设已进入数字化的发展阶段。

（一）从国际层面看，我国电子政务建设发展水平显著提升

《2020 联合国电子政务调查报告》的数据显示，2020 年我国电子政务发展指数为 0.7948，国家排名为 45 位，较 2018 年的 0.6811、排名 65 位有很大的提高。其中，在线服务指数上升为 0.9059，指数排名大幅提升至全球第 9 位，国家排名位居第 12 位，说明我国的电子政务发展水平居世界前列。

（二）从国家层面看，我国治理能力现代化取得关键进展

国家政务服务平台正式上线，该平台可以与地方政务对接，及时掌握群众的办事需求，提供更高质量的办事服务。2019 年，1.35 亿人在该平台注册，总访问人数达到 10.4 亿人，存储了 2800 多万条政务服务事项数据、5.51 亿条政务服务办件数据①。尤其是在此次新冠疫情阻击战中，该平台充分发挥了强大的公共支撑作用，为解决群众问题，提供政府服务，展示了令世人瞩目的“中国方案”。此外，各地区依托国家政务服务平台，围绕一网通办、数字政府改革等系列问题，探索出一系列创新案例，形成了可复制的经验，为各国数字政府建设贡献了中国智慧。

---

① 《数字中国建设发展进程报告（2019 年）》，中华人民共和国中央人民政府网，http：//www.gov.cn/xinwen/2020－09/13/content_5543085.htm。

（三）从地方政府层面看，我国各地政府数字转型成效显著

地方政府紧抓大数据发展机遇，促进部门间信息共享，积极推动政府数据上云，提质政务服务，简化办事流程，为群众提供高质量的政府服务。总体来看，各地、各部门按照省委、省政府部署要求，推进“数字政府”改革建设，取得了显著成果。各地相继推进数字政府平台建设，加强数字经济监管，创新协同办公与市场监管模式，提升政务服务水平，有效地提升了服务效能和群众服务体验满意度，各地“数字政府”改革取得了阶段性成果。

五、我国数字政府建设存在的问题

目前数字政府建设面临法规制度不完善（我国数据开放和个人隐私保护方面的制度尚不完善，目前没有一部完整的数据法对数据安全、隐私数据等做出详细规定）、各地建设标准不一致、信息化发展水平不平衡、政务信息公开有所保留、尚未建立标准的数据管理机制和安全保障机制、公民参与政务治理的积极性不高等亟待解决的问题，政府的数字化建设水平还需进一步提高。

在数据共享和业务协同办理方面，数字政府建设始终没有定出有效的解决方案。在很多行业中存在数据信息获取困难的问题。在当前我国的体制机制下，各部门之间往往各行其是，未能协同工作；政府公务员的数字化能力不能适应当前政府改革的需要，亟须进行培训以提升相关技能；传统的电子政务工程管理制度未能根据新的发展要求做出调整，无法突破原有的服务模式；在反垄断方面，相关法律法规还不够健全；大数据等新型技术虽然已取得突破进展但仍有进一步完善的空间。对此需要加大力度进行体制机制改革，不断推进数据资源在不同部门、区域、层级、行业之间互通互享，加大政府部门私有数据的开放力度，重视培养公务员的协同办公能力，增强政府部门的改革创新能力。

六、如何推进数字政府建设

张守美在《高质量推进“十四五”数字政府建设》中指出：“推进数字政府建设，当务之急就是深化机构改革，减少政府部门间因职责交叉、信息不对称、信息孤岛、信息烟囱等一系列问题给部门协同带来的巨大困难与高昂成本。”他认为，推进“十四五”期间数字政府建设，应该重点围绕以下五大发展主题：第一，以统筹规划、一体化建设为原则；第二，以深化改革、完善行业大部制为切入。第三，以数字政务建设为牵引；第四，以支撑性数字化治理载体为主攻；第五，以标准化、体系化、安全化为基准。

孟庆国认为数字政府建设主要应抓好四个方面的工作：管理体系、共性平台、协同应用和安全保障。

一是加强管理体系建设。政府改革要从整体布局，全面构建完备高效的政府管理体系，这要求部门之间要具备很高的统筹协调能力。因此，充分发挥大数据管理部门的竞争优势，积极采取行动精准发力，提升基层治理现代化水平，实现体制机制创新。例如，“首席数据官”制度是政府对体制机制的创新和积极尝试。首席数据官旨在破解数据共享及利用以及部门间统筹协调能力不足的难题。在数字政府建设过程中，首席数据官利用数据挖掘、数据分析等方法对数字政府建设中的重要问题进行专业化分析，之后向领导进行汇报并提出自己的建议和意见，从而提升解决问题效率。构建首席数据官的派驻与联席会议制度，推进部门之间的“联动”、紧密各层级数字政府的“联系”，全面提升跨部门、跨层级数字政府规划和工程项目间的协调能力。

二是加强共性平台建设。近年来，数据中心的发展得到丰富实践，正朝着智能化、规模化、集约化、多元化的方向发展，实现了跨平台的整合。共性技术作为产业发展的基础技术，对于发展产业链和创新链起到关键连接作用。基于共性技术的共性数据平台的建设必须持续推进和不断完善，为多个异构系统之间的数据共享提供技术支持，提升数据治理能力，进一步保障数据质量。此外，大数据、移动互联等新技术应用门槛高，通过寻找合适路径，将共性算法模型封装成各种组件，可以很好地降低技术开发难度。

三是加强协同应用建设。协同应用的建设可以充分发挥协同效应的影响，提升智能制造水平，保证现代化的治理功能。在更好地交换数据的基础上，强调部门之间的合作并加强政府能力。“十四五”期间，通过对各部门上交的统计数据进行研究，建立数据关联和分析模型，充分利用互联网、大数据和人工智能等高新技术，进行全球决策，构建政府规划体系、单一网络管理体系、完善的协同治理体系、智能高效的服务体系。

四是加强安全体系建设。加强国家安全保护，最重要的就是加强国家网络安全和信息安全保护。为增强数据安全、确保数据不被泄露，我们需要从安全战略和技术支持机制两个方面构建一个全球的、一致的、多层次的安全体系，同时也要保障数字政务信息基础设施的稳定、高效和安全运营；同时，我们还必须改善数据安全和个人隐私保护。我们在享受数字化所带来的好处的同时，还必须意识到先进技术滥用等系列非法行为暗藏的潜在风险，并进行防范。

七、数字政府建设领域研究展望

数字政府的建设是一个复杂的过程。鉴于数字政府的复杂性、数字发展及业态应用的前沿性、相关风险及管理问题的迫切性，目前进行的科学研究还不完善，今后应加以补充和改善。

一是数字政府建设的相关理论论述还相对缺失。在数字政府理论基础方面已有大量研究，但是在界定基础概念、思路框架、核心要义、路径选择等方面还不是很明晰，还需要在这些方面进行深入研究。

二是数字政府建设研究的议题范畴还需深化。从建设研究议题来看，一方面，从纵向看，应针对宏观决策、公共服务、市场监管等具体领域，进行数字政府建设的重点研究；另一方面，从横向看，应按照总体框架探索议题，围绕数据治理、算法治理、平台治理等领域开展新兴重要议题。

三是数字政府建设研究的视野还需进一步放宽。从建设研究视野来看，一方面，要避免技术决定论思维，积极探索潜在路径，实现数字技术与传统层面的融合，如数字政府与传统政府、数字治理与传统治理相互影响融合等；另一方面，要跳出地理局限性，不仅只是探索我国数字政府的建设，而且要放眼世界，统筹全局，明晰数字政府建设对于世界各国的意义。

第四节 数字社会

一、数字社会的概念

数字社会指的是一种新型的技术社会形态，涵盖智慧城市、数字乡村两个层面，可以从数字经济、数字商业、数字生活、数字社会治理等多个层面进行分析。数字社会的发展是一个十分漫长的过程，在不同的历史阶段会显示出不同的特征。因此，在研究社会形态的变化时，应该抓住技术变化的逻辑和社会变化的根本进行描述。

二、政策背景

2021 年，《中华人民共和国国民经济和社会发展第十四个五年规划和 2035 年远景目标纲要》对外公布，其中第十六章中对“加快数字社会建设步伐”的一系列重大方针政策做出了明确的规定。例如，数字技术充分融入社会生产和社会生活中，提供高效精准的公共服务；推动公共服务共建共享和创新发展，打造智慧城市和数字村庄“新名片”；构建美好数字生活新愿景，形成数字生活新局面等。此外，在社会层面上，该纲要的发布为我国加快建设数字社会指明了道路。

三、数字社会现状

（一）建设现状

近年来，我国数字社会建设成效明显。截至 2020 年底，我国互联网普及率已经从 2015 年的 50.3% 达到了 70.4%，网民由 6.88 亿增加到 9.89 亿[①]，网购、移动支付都处在全球领先地位。

全力打造共建共治共享的社会治理新格局。以数字化技术赋能生态环境治理已经成为推进环境治理体系的重要方式。国家环境检测网络为有效治理污染问题提供了技术解决方案，使得应急管理信息化体系不断完善，全面提升了抵御风险的能力。此外，电子社保卡基本实现全覆盖，实现了线上的多码融合和线下的多卡通用。当前，全国各地加强智慧城市顶层设计，充分认识到加快信息基础设施建设的重要性，加快数字政府建设，推进公共服务和管理领域信息化，在智慧城市建设进程中取得了阶段性胜利。例如，上海打造了全国首个人工智能创新应用先导区，围绕智能制造、医疗卫生、交通安全等重点领域，积极进行探索，带动社会生活智慧化升级。重庆实施以大数据智能化为引领的创新驱动发展战略。浙江深入实施数字经济“一号工程”，规划了 12 个智能产业的发展方向。与此同时，数字乡村建设也取得了很大的进展，信息服务能力和治理水平显著提高。2019 年农村宽带用户数达 1.35 亿户，较上年末增长 14.8%[②]。数字技术融入生活场景成果逐步显现。

数字科技已融入各种生活场景。教育方面，全国中小学的网络基本

---

① 《国家网信办：我国网民规模增加至 9.89 亿，互联网普及率达 70.4%》，百家号—海外网，https://baijiahao.baidu.com/s?id=1694627690933372179&wfr=spider&for=pc。

② 《2019 年通信业统计公报》，中华人民共和国工业和信息化部网站，https://www.miit.gov.cn/gxsj/tjfx/txy/art/2020/art_2d61a3d279ba4d53aa944359d20b8d7f.html。

实现全覆盖，中小学多媒体教室拥有率达 92.6%，上线慕课课程数 1.5 万门。已有 114 家主流媒体入驻“学习强国”平台，学习内容继续丰富，视频质量显著提高，网络下载量达 7.05 亿。医疗与互联网实现融合发展，异地就医直接结算变成现实，已有 1900 多家三级医院初步实现了院内医疗服务信息互通共享。出行方面，ETC 用户突破 2 亿，部分机场也实现刷脸乘机，极大地便利了人们的生活。文化方面，有效盘活文化资源，在线阅览越来越普遍。文旅方面，手机端已基本可以满足游客的需求，智慧广电建设加速提质升级，移动应用丰富了人民群众的生活。各地区信息化发展成效不断显现。①

（二）研究现状

我国对于发展数字社会的研究主要涉及十个方面：一是对发展数字社会可能或者已经涉及的伦理问题进行研究和探讨；二是研究政府的职能问题，并且研究表明非政府组织也逐渐承担起一些责任；三是研究在线教育的发展问题；四是疫情之下数字社会的发展趋势问题；五是对青少年进行数字社会生活的素质教育问题；六是数字社会与智慧城镇的建设问题；七是电信业务在数字社会中的转型问题；八是数字社会的发展与国际关系重塑问题；九是现代数字社会中的公共关系问题；十是数字社会中的舆论问题。

四、发展目标

数字社会建设就是以数字化手段推动生活方式变革。在“十四五”建设新时期，政府积极推进数字惠民政策，全民奋力拥抱数字化转型成果，我国数字社会的发展在未来会迈上一个新的台阶，取得更大的突破。

---

① 《数字中国建设发展进程报告（2019 年）》，中华人民共和国中央人民政府网，http：//www.gov.cn/xinwen/2020-09/13/content_5543085.htm。

（一）推动数字化服务普惠应用

我国始终坚持以人为本的发展观，着重解决人民关注的问题。加大学校、医院、养老院等公共服务机构开放共享力度，积极发展互联网医院、在线课堂、智慧图书馆、互联网法院、智慧法院等，提高资源数字化水平。“科技支撑”在数字社会治理中发挥着重要作用。运用人工智能、大数据等数字通信技术推进公共服务机构对接基层地区、边远地区和欠发达地区，扩大优质公共服务资源辐射覆盖范围，为基层地区、边远地区和欠发达地区提供全新的服务。目前我国的数字化普及率刚刚超过 70%，与美国、日本等国家相比仍有提升的空间。大力发展智慧便捷的公共服务，实现数字应用全方位融入人民生活，可以有效提升我国的社会数字化水平。

（二）加快智慧城市和数字乡村建设

以数字化助推城乡发展和治理模式创新，探索城乡发展和治理的新模式，全面提高城乡运行效率。在数字化的浪潮下以及信息技术的深度融合下，城乡治理新模式不断涌现。城市数字化是促进城市转型发展的重要举措，是实现城市治理从精细化向智能化变迁的重要路径，是城市转型发展的强大动力。目前我国在智慧城市建设方面开展了诸多行动，通过分级分类的方式推进新型智慧城市建设，公共基础设施的涵盖范围不断扩大，规划建设策略更加完备统一的，政务基础设施不断升级，智能化改造基本完成。完善城市信息模型平台和运行管理服务平台，以城市信息模型平台和运行管理服务平台为基点，构建城市数据资源体系，推进城市数据大脑建设。

数字乡村建设与我国全面建成小康社会是息息相关的。全面建成小康社会，保证当前低收入群体实现进一步富裕仍是发展的重要目标。数字乡村既是乡村振兴的改革方向，也是关系全局的重大战略部署。全面推进数字乡村建设，推进乡村治理过程与数字化融合，建立涉农信息普惠服务机制，不断加快农村数字化进程，进而促进乡村振兴战略的实施，是数字社会建设一项重大而长远的目标，有很大的发展空间。

（三）推动生活场景数字化

推动衣食住行等各类场景数字化，打造智慧共享、和睦共治的数字生活。

推进智慧社区建设，依托线上线下服务机构建设更加便捷的服务商圈。发展数字家庭，为居民提供更加舒适、丰富的生活体验。随着互联网的全覆盖，各种场合基本都可以实现实时上网，随着教育水平的提高、网民数量的上升以及个人数字素质的提高，数字社区、数字家庭作为社会信息化进程中不同细分市场的信息产品将成为未来社会发展的趋势。

加快信息无障碍建设，帮助老年人、残疾人等群体实现共享数字生活。目前，我国老龄化问题仍然十分严峻。统计局数据显示，截至2019年底，我国60周岁及以上老年人占总人口的18.1%，约为2.54亿。① 习近平总书记强调，要以信息化推进国家治理体系和治理能力现代化。② 将建设数字社会的智能化、人性化目标融入推进国家治理的进程中，在这个过程中，不仅要通过灵活运用高新技术实现智能化，还要通过细心、耐心和匠心，提高社会服务的精细化程度。这样，数字社会的发展才能稳步推进。当前需要加快“适老龄化”的应用和创新，让老年人融入当前的社会发展，享受数字生活带来的好处。

五、推进数字社会建设的对策

数字社会建设最重要的是掌握好场景应用，重点解决群众关心的与

---

① 《切实解决老年人运用智能技术困难实施方案出台　助亿万老年人跨越“数字鸿沟”》，中华人民共和国中央人民政府网，http：//www.gov.cn/zhengce/2020－11/27/content_5573311.htm。

② 《习近平在网络安全和信息化工作座谈会上的讲话》，新华网，http：//www.xinhuanet.com/zgjx/2016－04/26/c_135312437.htm。

生活息息相关的问题，推动社会的可持续发展。充分利用各种资源、借鉴优秀地区或部门的数字化转型创新成果，创新社会治理，建设一个更加智慧、美好的社会，全面提升人民群众的获得感、幸福感、安全感。

一是建设更加一体化的公共数据平台。制定统一的建设标准，加快成立一个由基础设施体系、数据资源体系、应用支撑体系等组成的一体化智能化公共数据平台，为全社会的改革提供支撑。

二是构建更加智能的“城市大脑”。基于不同省、区、市的“城市大脑”，使用与数字社会系统建设相关的数据、模块和应用程序为数字社会系统提供全面、全程、全域的能力支持，由各市、区按省里统一部署进行实施。

三是夯实更加系统的社会事业服务基础。增强各大领域产业数字化市场供给服务能力，提高教育、交通、医疗、文化、旅游等行业数字化服务水平，提升社会化治理整体水平，实现产业升级。

四是开发更加协同的跨部门多业务应用场景。将数字技术运用于部门核心业务，推进跨部门高效合作和跨行业数据交换，实施跨部门、跨业务协同应用，如数字生活新服务、数字教育新服务、数字养老新服务。

五是形成更加集成的社会空间。依托社区数字化平台和服务机构落地更多应用，坚持线上、线下融合发展，通过建成一个更加集成的社会空间，使数字技术带来的福利普惠每个民众，化解数字社会服务发展不均衡问题。

第五节　数字生态

随着新一轮科技革命和产业变革的持续推进，数据作为一种新型生产要素的战略意义日益凸显。“十四五”规划提出，要坚持放管并重，促进发展与规范管理相统一，构建数字规则体系，营造开放、健康、安全的数字生态。

一、数字生态的概念

数字生态是一种以数据为交易主体的新型的社会经济生态，旨在利用数字化、信息化和智能化等技术使社会经济主体之间互联互通，便利交易，打造经济社会的大循环。

二、数字生态建设的内容

“十四五”规划提出要从四个方面推进数字生态建设。

（一）建立健全数据要素市场规则

确保数据综合利用，保障国家数据安全和公民隐私权，并针对数据资源的所有权、贸易流转、跨界运输和信息安全等问题，加快建设基本制度与标准规范。发展市场运作制度，引导数据贸易和服务形成行业自律机制，建立监管平台，确保数据贸易和市场高效规范运作，如数据资产评估、登记结算、贸易调解、商业纠纷仲裁等。强化对国家利益、商业秘密、个人数据保护，促进网络安全等领域的基本立法，严格保护个人信息，对数据资源在完整生命周期中加以保护。建立数据分级分类保护体系，确保数据正常交易。完善安全评估，确保数据跨境流转安全有序。

（二）营造规范有序的政策环境

建立法规体制，保障数字经济社会发展。健全共享经济、平台经营与个人经营的监督管理规定，逐步撤销不合理的行政许可证。赋能中小企业，支持平台企业创新发展，不断提升国际地位。逐步设立、完善法律法规，加强政府监管职能，进一步明确信息平台定位与监管规则，使互联网信息平台实现公开化、透明化。健全信息垄断法，依靠法律强化对网络信息平台的监督，打击垄断和不正当竞争。在出行、医疗、金融和物流等方面探讨建立完善的监督管理框架，改进数字经济统计监测系统。

（三）加强网络安全保护

在网络安全方面健全相关法律法规，对重要领域的数据资源和重要的网络信息系统建立安全保障机制。加强网络安全基础设施和关键信息基础设施建设，从源头上进行安全治理，减少安全隐患。加强网络安全的评估和审查工作，建立完善的应急预案机制，培养高素质、高能力的新型网络人才，为加强关键技术的研发提供智慧源泉。

（四）推动构建网络空间命运共同体

顺应信息化时代发展潮流，深化网络空间国际交流合作。制定以联合国组织为重要传播、监管渠道的，符合国际法规的数字和网络空间国际规则，加快构建多元民主、公正公开的世界网络空间治理体系，构建更为完善合规的互联网技术基础设施与信息资源管理体系。广泛参与国际规则和数字标准的编写，如涉及数据安全、数字货币、数字税等方面的规则。聚焦网络安全，推进在全球范围内建设协作保护机制，在保护数据要素、应对网络安全事件、打击互联网犯罪行为等方面实现合作共赢。树立大国风范，积极在技术攻坚、设施搭建领域向欠发达国家和地区提供数字援助，积极推动网络文化交流互鉴，让世界各国共享数字时代红利。

三、营造良好数字生态的意义

数据作为新型生产要素，是当前各国各地区争相抢夺的资源，对社会各方面的发展都有很大的影响力。我国抢先抓住数字红利，在“十三五”时期数字经济发展迅速，发展活力进一步提升。截至 2020 年末，中国数字经济总量排名全球第二位，核心产业增加值占 GDP 的比例已超过7.8%。①

数据是国家发展的重要的基础性和战略性资源，但同时也是导致风险和隐患的源头，安全、隐私防护等问题和挑战日趋严重。加快建设良好的数字生态，建立健全数据要素流通交易准则，规范数据市场秩序，营建安全绿色的政策环境，推动构建网络空间命运共同体将有利于发挥数字经济的网络效应，改善市场与创新环境。在数据成为重要生产要素的新时代，任何地区、任何行业、任何企业乃至每个个体都必须进行数字化转型，宏观上就表现为数字政府、数字经济、数字社会等不同的数字生态。因此数字生态的建设过程就是各个领域进行数字化转型发展的过程，数字生态是经济社会数字化的必然结果，也是引领经济社会实现高质量发展的重要指南。

四、数字生态现状

（一）数字生态理论框架

《数字生态指数2021》共调查分析了2020年全国31个省级行政区（不包含港、澳、台地区）以及部分重点城市的数字化发展水平与转型进展。相关政府部门可依据此调查的结果进行更加精确、智能的政策安排。

《数字生态指数2020》首次提出了由数字基础、数字能力和数字应用构成的数字生态理论框架。作为数字生态的评估工具，数字生态指数以多方多源数据为基础，由数据生产、分析、使用等多环节主体共同参与建设，从数字基础、数字能力和数字应用三个维度反映数字生态的复杂特征。其中，数字基础是使数据成为生产要素的保障性环境，包括技术环节、制度环境、要素交易环境等；数字能力是使数据发挥信息价值

① 《国家互联网信息办公室发布〈数字中国发展报告（2020年）〉》，中华人民共和国国家互联网信息办公室网站，http：//www.cac.gov.cn/2021－06/28/c_1626464503226700.htm。

的功能性条件，包括科技手段、人才等；数字应用是使数据价值得以变现的应用场景环境，包括政务领域、商业领域和民生领域等。

（二）我国数字生态现状

各个省份根据生态特征可划分为全面领先型、赶超壮大型、发展成长型和蓄势突破型。

第一，北京、广东、上海、浙江、广东、江苏属于全面领先型。该组别已经基本实现省（市）内小循环的理想数字生态。总指数居于全国前列，数字基础、数字能力和数字应用的发展比较均衡，且都发展较好。如北京数字生态总指数位居全国第一，三个一级指标也居于领先地位。

第二，山东、福建、天津、湖北、四川、安徽、重庆、河南、陕西、贵州属于赶超壮大型。该组别和第一梯队的区别是欠缺绝对优势或者在数字基础、数字能力和数字应用方面存在某一方面发展不足的问题。例如，山东数字基础和数字能力都比较扎实，但是数字应用水平还有待提高。

第三，江西、广西、河北、湖南、山西、海南、辽宁、吉林、黑龙江、云南属于发展成长型。这几个省份属于第三梯队，普遍进入数字生态发展的成长期。它们在发展上存在瓶颈，急需寻求突破点。例如，辽宁已经拥有较为良好的政策和数据基础，而数字能力仍然较为欠缺，需要制定相应方案吸引、留住人才，增强科技创新能力来推动数字生态的快速升级。

第四，内蒙古、宁夏、甘肃、青海、新疆、西藏属于蓄势待发型。这些省份数字生态指数低于全国平均水平，但是拥有一个或多个表现出色的分指数维度。因此，这些地区应该因地制宜地制定发展路线。例如内蒙古，政府在数据资源建设方面基础较好，需要更好地抓住机遇充分发挥该方面的优势以向第三梯队冲刺。

（三）数字生态发展要因地制宜

通过对京津冀和长江三角洲区域城市群数字环境和生态指标进行比较，我们发现理想的数字生态是可以实现地区内、地区间经济循环发展的。可以首先选取经济发达省份实现优质的省级地方小循环，总结其经验并向其他省市推广，实现跨省循环发展，最终实现全国范围内经济大循环发展并融入共赢的国际外循环，最终实现党的十九届五中全会通过的《中共中央关于制定国民经济和社会发展第十四个五年规划和二〇三五年远景目标的建议》中提出的“以国内大循环为主体、国内国际双循环相互促进的新发展格局”。①

对于数字生态指数，需要理性看待。它不是评判各地发展水平的冰冷数字，而是引领实现更好发展的指示器。打造理想数字生态并没有唯一的路径，无论是优先发展数字基础，还是着重建设数字能力，抑或是精心培育数字应用，都可以引领地区打响数字化转型的第一枪，各个地区应充分结合实际，利用地理位置、产业结构、精英人才等方面的优势资源，制定出适合当地发展的最优路径。研究把握数字生态指数的评分方式和得分，对于政府决策者今后制定本地区科学的发展道路十分重要，对于个人来说，了解我国的发展水平，对分析今后的择业定居等安排大有裨益。

五、我国部分省份数字生态建设进程

（一）北京数字生态建设

北京市多年以前就开始布局数字经济发展，推动数字产业的转型。

---

① 《中共中央关于制定国民经济和社会发展第十四个五年规划和二〇三五年远景目标的建议》，中华人民共和国中央人民政府网，http：//www. gov. cn/zhengce/2020 –11/03/content_5556991. htm。

2019 年北京提出打造世界数字生态城市。北京不断激发创新创造能力，聚焦 5G、芯片、云计算、大数据、人工智能等新一代信息技术产业，进行产业转型升级，实现经济社会的高质量发展。目前，北京已经形成了一套完善的数字经济发展体系，但是在维护数字生态环境的过程中依然存在着一些问题，如对新技术的使用范围、使用准则等规定不够健全，对数字监管的举措不够完善等。

（二）山西数字生态建设

2021 年 3 月 11 日，山西综合改革示范区新成立了数字产业协会。省委统战部为打造社会、业务、产业融合发展的一流数字生态，提高政府服务水平，开创了“3 + N”的新型工作模式，其中“3”指的是三个主体，包括新的社会阶层人士联谊分会、数字产业协会、数据流量生态园等，“N”代表互联网医疗、区块链、网约配送等 N 个产业。

当前各省份结合发展的情况和自身的优势积极推进数字生态建设，取得了很大进展，但是仍面临很多问题，需要在未来做出改进以提高数字生态建设水平。

六、法律法规方面的进展

“十四五”规划的目标是：推动网络空间的国际交流与合作，推动以联合国为主渠道、以联合国宪章为基本原则制定数字和网络空间国际规则。中国要积极参与国际交流与数据合作，为数据管理提供“中国方案”。

2021 年 1 月 22 日，国家互联网信息办公室发布了修订后的《互联网用户公众账号信息服务管理规定》，其中包含对公共账户信息平台和公共账户生产运营者的具体规定，目的是规范互联网用户公共账户信息服务，维护国家安全和公共利益，保护公民、法人和其他组织的合法权益。

国家互联网信息办公室发布的《网络信息内容生态治理规定》于

2020 年 3 月 1 日开始实施，旨在营造良好网络生态，保障公民、法人和其他组织的合法权益，维护国家安全和公共利益。2021 年 6 月 10 日，第十三届全国人大常委会第二十九次会议通过了《中华人民共和国数据安全法》，该法于 2021 年 9 月 1 日生效。发布该法律是为了保障数据安全、规范数据处理流程、保护数据交易双方的权益。该法既是对数据领域法规的补充，也是国家安全领域法规的完善。

数据和网络安全立法在促进中国数字生态发展方面发挥了重要作用。法律的不断完善，提高了国家保障数据安全、有效应对数据风险和挑战的能力，有利于规范合理地进行数据使用、流通和交易，加快建立数据库，充分发挥其创新引擎的作用，壮大数字经济规模，更好地为中国经济社会发展服务。数据处理的严格标准化和数据保护的切实加强使广大人民群众在数字发展中获得更多的幸福和安全。创造良好的数字生态不仅依赖完善的法律法规和制度，也依赖行业自律和数字道德，依赖于对网络和大数据的正确理解和认真对待。

本章参考文献

[1]《2019 年通信业统计公报》，中华人民共和国工业和信息化部网站，https：//www. miit. gov. cn/gxsj/tjfx/txy/art/2020/art _2d61a3d279ba4d53aa944359d20b8d7f. html。

[2]《2020 年电子信息制造业运行情况》，中华人民共和国工业和信息化部网站，https：//www. miit. gov. cn/jgsj/yxj/xxfb/art/2021/art _c4cce 23e73a04b49ab8729b0bc523fca. html。

[3]《2020 年互联网和相关服务业运行情况》，中华人民共和国工业和信息化部网站，https：//www. miit. gov. cn/jgsj/yxj/xxfb/art/2021/art_12c3219068d34c0494df817942a29fe5. html。

[4]《2020 年软件和信息技术服务业统计公报》，中华人民共和国工业和信息化部网站，https：//www. miit. gov. cn/gxsj/tjfx/rjy/art/2021/art_f6e61b9ffc494c099ea89faecb47acd2. html。

[5]《国家互联网信息办公室发布〈数字中国发展报告（2020 年）〉》，

中华人民共和国国家互联网信息办公室网站，http：//www. cac. gov. cn/2021 －06/28/c_1626464503226700. htm。

［6］《国家网信办：我国网民规模增加至 9. 89 亿，互联网普及率达 70. 4%》，百家号—海外网，https：//baijiahao. baidu. com/s? id = 1694627690933372179&wfr = spider&for = pc。

［7］《切实解决老年人运用智能技术困难实施方案出台 助亿万老年人跨越“数字鸿沟”》，中华人民共和国中央人民政府网，http：//www. gov. cn/zhengce/2020 －11/27/content_5573311. htm。

［8］《数字中国建设发展进程报告（2019 年）》，中华人民共和国中央人民政府网，http：//www. gov. cn/xinwen/2020 －09/13/content_5543085. htm。

［9］《习近平在网络安全和信息化工作座谈会上的讲话》，新华网，http：//www. xinhuanet. com/zgjx/2016 －04/26/c_135312437. htm。

［10］《中共中央关于制定国民经济和社会发展第十四个五年规划和二〇三五年远景目标的建议》，中华人民共和国中央人民政府网，http：//www. gov. cn/zhengce/2020 －11/03/content_5556991. htm。

［11］北京大学：《北京大学大数据分析与应用技术国家工程实验室发布数字生态指数 2020》，北京大学新闻网，2020 年 10 月 12 日，https：//news. pku. edu. cn/xwzh/bb3da0c94c164ee48e8036ef06bfa670. htm。

［12］曾响铃：《数字政府 2. 0 时代，政府应用开发平台如何加码中国新基建?》，转引自网易号，https：//www. 163. com/dy/article/G8S5GNUT05118IR2. html。

［13］陈刚、谢佩宏：《信息社会还是数字社会》，载《学术界》2020 年第 5 期。

［14］戈晶晶：《孟庆国：数字政府建设要办好四件事》，载《中国信息界》2020 年第 12 期。

［15］郭克强、程锋：《推进“政府上云”，打造“数字政府”》，载《经济观察》2021 年第 1 期。

［16］国家互联网信息办公室：《数字中国建设发展进程报告

(2019 年)》，中华人民共和国国家互联网信息办公室网站，2020 年 9 月 13 日，http：//www. cac. gov. cn/2020 - 09/10/c_1601296274273490. htm。

[17] 国家信息中心信息化和产业发展部、京东数字科技研究院：《携手跨越重塑增长——中国产业数字化报告 2020》，东方财富网，2020 年 6 月 30 日，http：//pdf. dfcfw. com/pdf/H3 _ AP202007021388897043_1. pdf。

[18] 晋浩天：《数字生态将改变什么》，载《光明日报》2020 年 10 月 12 日。

[19] 李永红、黄瑞：《我国数字产业化与产业数字化模式的研究》，载《科技管理研究》2019 年第 39 卷第 16 期。

[20] 林崇责、邱靓：《利民为本精准智服 共建共享美好数字社会》，载《浙江经济》2021 年第 3 期。

[21] 刘传：《中国数字经济发展现状及问题研究》，载《科技与经济》2020 年第 33 卷第 5 期。

[22] 刘玲玲、吕强、马菲、沈小晓：《多国加快推动电子政务建设》，载《人民日报》2020 年 7 月 24 日。

[23] 刘瑞强：《打造数字生态 服务转型发展（上）》，百度—人民资讯，2021 年 6 月 10 日，https：//baijiahao. baidu. com/s？id = 1702130515564925044&wfr = spider&for = pc。

[24] 孟天广：《政府数字化转型的要素、机制与路径——兼论“技术赋能”与“技术赋权”的双向驱动》，载《治理研究》2021 年第 1 期。

[25] 孙友晋、高乐：《加强数字政府建设 推进国家治理现代化》，载《中国行政管理》2020 年第 11 期。

[26] 田宇：《共建共治共享良好数字生态——访全国人大社会建设委员会副主任委员、中国网络社会组织联合会会长任贤良》，中国人大网，2021 年 5 月 6 日，http：//www. npc. gov. cn/npc/c30834/202105/7abe74747b2249fea18158e8fd600391. shtml。

[27] 汪玉凯：《“十四五”时期数字中国发展趋势分析》，载《党政研究》2021 年第 4 期。

[28] 王俊豪，周晟佳：《中国数字产业发展的现状、特征及其溢出效应》，载《数量经济技术经济研究》2021 年第 38 卷第 3 期。

[29] 王如意：《浙江省数字经济综合评价研究》，浙江工商大学硕士学位论文，2018 年。

[30] 王文、刘玉书：《论数字中国社会：发展演进、现状评价与未来治理》，载《学术探索》2020 年第 7 期。

[31] 魏礼群、顾朝曦、倪光南、汪玉凯、李韬：《数字治理：人类社会面临的新课题》，载《社会政策研究》2021 年第 3 期。

[32] 杨大鹏：《数字产业化的模式与路径研究：以浙江为例》，载《中共杭州市委党校学报》2019 年第 5 期。

[33] 杨骅、王雪颖：《5G 新基建打造数字社会新图景》，载《移动通信》2020 年第 8 期。

[34] 杨卓凡：《我国产业数字化转型的模式、短板与对策》，载《中国流通经济》2020 年第 34 卷第 7 期。

[35] 张成福、谢侃侃：《数字化时代的政府转型与数字政府》，载《行政论坛》2020 年第 6 期。

[36] 张守美：《高质量推进“十四五”数字政府建设》，载《中国信息界》2021 年第 2 期。

[37] 郑健壮、李强：《数字经济的基本内涵、度量范围与发展路径》，载《浙江树人大学学报（人文社会科学)》2020 年第 20 卷第 6 期。

[38] 周姝含：《营造良好数字生态，保护消费者权益》，千龙网，2021 年 3 月 17 日，https：//review. qianlong. com/2021/0317/5539540. shtml。

[39] 邹翔：《数字社会建设既要智能化更要人性化》，载《中国党政干部论坛》2020 年第 12 期。

第三章

数字经济核心产业

第一节 区 块 链

一、区块链的基本概述

（一）区块链定义

区块链技术起源于比特币，最初是为了克服在交易过程中进行电子支付时存在的过度信赖第三方的现象而设计出来的，它是用来支撑各种数字方案核心技术的关键。区块链将众多已有的成熟技术进行重新组合，再借助一系列的密码学技术形成一种新颖的计算范式和具有分布式特点的基础架构（韩璇等，2019）。

从记账的角度来看，区块链是一种利用共识等多种技术手段来保障数据计算、共享、验证等多种功能的具有分布式特点的账本技术，因此，区块链可以有效地满足在不同应用场景下对数据进行存储及处理的要求；从协议的角度来看，可以把区块链看作一种互联网协议，能够有效克服数据信任等相关问题；从经济学的角度来看，区块链有利于提高合作的效率，从而可以把它看作一种价值互联网（张亮等，2019）。

（二）区块链的技术特点

区块链技术通常会呈现出交易准匿名性、去中心化、去信任、开源可编程等特点。

1. 交易准匿名性

区块链的使用者一般只需提供生成的地址或者是公钥就可以进行交易，在交易之前，交易各方不用再重新验证身份，这是因为区块链是在其自身特有的一套固定的程序上运行的，数据没有必要再进行交互验证，程序会自行判断交易是否可行。而且，为了保证交易的匿名性，用户可以任意提供多个公开的地址进行交易，即根据所提供的地址就可以进行交易，无须公开真实身份及第三方证明，从而保证了交易的准匿名性。

2. 去中心化

区块链技术对数据进行存储、核算、传输等的过程都具有分布式的特点，并不存在中心化的管理机构和硬件。区块链运用纯数学方法来建立节点之间的分布式关系，其中公有链可以完全没有任何中心，联盟链允许多个中心共同存在，但这些中心之间并不存在优劣之分，它们的地位是平等的，享受的权利以及所要承担的义务并不会有孰多孰少之分，因此在区块链中并不存在中心化特征。系统中的数据块由整个系统中具有维护功能的节点来进行共同维护。

3. 去信任

区块链技术使用加密的算法将信息经过验证并添加到区块链当中，就会使信息得到永久性保存，想要从单个节点对数据库中的信息进行修改是不可能实现的，因此避免了信息被伪造的风险。区块链技术保证了各个节点中信息的一致性以及数据库信息的不可篡改性，这就使整个系统中的所有节点能够在去信任的环境下实现数据的自由交换。

4. 开源可编程

区块链并不存在传统数据库之间存在的那种相互独立、相对封闭的关系，它除了对一些私密信息进行一些必要的保密之外，其余的数据信息在系统中完全处于开放、可分享的状态。由于区块链中的数据处于一种开放的状态，且区块链系统中各个项目的数据结构、源代码都不属于私密数据的类型，无须进行特殊的保密处理，因此，我们可以通过区块链系统获得各个项目的数据结构、源代码以及与其相关的应用（薛腾飞，2019）。

（三）区块链的分类

区块链具有多种类型，根据其不同的特点可以进行不同的划分。从关系上进行分类，区块链可分为单链、互联链以及侧链；从准入的规则上划分，可以分为公有链、私有链和联盟链；从区块链可以应用的范围划分，区块链还可以分为基础链、适用链。

公有链的适用范围比较广泛，数据处于一种开放的状态，且各个节点在权利及义务上是平等的，不存在中心化的问题，使用者可以轻松地从公有链上获取所需要的数据。

私有链与公有链相反，适用范围相对狭窄，也不会将信息置于开放的环境中，要对数据进行私密化管理，不会轻易被人获得，因而适合单位或组织内部使用。

联盟链是介于公有链与私有链之间的一种区块链，既不像公有链那样开放数据，也没有私有链的私密性。联盟链处于半开放的状态，仅限于加入联盟的用户进行使用，当然，联盟的范围也是有大有小的。

基础链的功能较为基础，通常指的是公有链，属于满足通用标准的区块链，使用者可以在其基础上根据自己的需求进行创新设计，从而开发出能够满足自身需要的区块链。

行业链是针对特定的应用场景而形成的垂直领域的区块链（薛腾飞，2019）。

二、区块链的起源与发展过程

在 2018 年 10 月，中本聪发表了一篇文章，其中阐述了比特币的概念，这意味着比特币的概念由此产生，迄今为止，比特币可以说是区块链应用最成功的案例，同时也是区块链平台进行开发的基础，因此是区块链发展的源头（韩璇等，2019）。

在 2019 年，相继出现了序号为 0 和 1 的两个创世区块，这两个创世区块之间相互影响，连接在一起，这意味着首个区块链问世。

比特币作为加密数字货币，是区块链最原始、本质的应用。近年来，随着区块链技术的深入发展，这项技术被应用到了各个行业及各个领域，对各个行业的发展起到了重要的推动作用。

三、区块链在各国的发展

近年来，区块链技术得到了更深入的发展，对数据的储存、处理等操作极大地推动了各行业的发展，其重要性不断凸显，因此，区块链的发展问题也自然而然受到了世界各国的重视。

在政府方面，2016 年 1 月英国政府的区块链专题研究报告提出要积极推进区块链在各行各业的快速发展；德国、荷兰等欧洲国家政府也积极推动区块链的应用研究；我国早在《“十三五”国家信息化规划》中就已经明确提出要开展对区块链技术的研究与创新应用，从而抢占新一代信息技术发展的主导权。

在科技公司方面，2015 年，IBM 和 Linux 基金会旨在通过建立分布式账本的公开性标准，以高效及低成本的形式实现数字和虚拟形式的价值转换。2018 年 4 月，欧盟为了能够更好地发挥区块链促进经济、社会发展的作用，在欧洲建立了区块链伙伴关系。国内的诸多科技公司也推出了基于区块链技术的服务平台，推动区块链技术与各领域进一步结合（薛腾飞，2019）。

在货币化应用方面，发达国家态度较为谨慎，因为区块链技术具有去中心化的特点，这并不利于政府对金融体系进行掌控，大部分的主流媒体以及经济学家都对此表示排斥。比如，2019 年 6 月，在美国，“脸书”（Facebook）推出数字货币相关项目，但遭到了民主党派的反对。2019 年，法国的财政部部长也曾公开表示，数字加密货币会威胁到国家安全，他不会允许其诞生在法国。发达国家排斥的态度阻碍了加密数字货币的发展。然而，一些发展中国家的态度却截然不同，比如在 2016 年 1 月，突尼斯政府就运用区块链技术将数字货币作为国家的主权货币，这也是全球首例。同年 11 月，塞内加尔政府也对数字货币的使用进行了推广。

在非货币化应用方面，区块链技术则得到了各国广泛的认可和推广。比如，在 2017 年底，白俄罗斯成为首个颁布法律支持智能合约的国家；2018 年 3 月，美国也发表了相应的声明，支持区块链技术在智能合约方面的应用。

当前，区块链技术的发展受到了广泛的关注，已经成为推动经济与社会发展的新动能。目前，区块链技术应用已经延伸到国民经济生活的各个领域。但是，区块链技术的研究及应用发展还只是处于初级阶段，一系列问题的存在使区块链的发展受到制约。

四、区块链的应用

（一）重点布局产业

在初期，区块链技术是作为数字货币进行交换的价值核心而存在的。随着现代经济社会的发展，区块链技术在教育、医疗、金融等各个领域都已经得到了广泛的运用与发展。

1. 区块链在金融领域的应用

区块链技术最早起源于比特币，这为发展数字货币奠定了一定的基础，目前，各国都有意发行数字货币，这意味着数字货币时代即将到来。

区块链技术在金融领域也得到了充分的运用。一是区块链技术交易匿名性的特点就保证了在交易时无须人为地进行身份验证与登录，这极大地提高了交易各方相互信任的程度，有污点的交易行为也会被自行记录，从而使交易者能及时获取对方的征信状况，而且交易者的征信状况是不能被自行篡改的，这极大地提高了交易的透明度。二是交易各方可以通过区块链进行交易，意味着区块链技术能为金融领域的交易者提供一个安全的交易环境。而且，交易者依托区块链进行交易结算，这种方式能极大地提高效率，也能很好地规避支付风险，从而保证资金安全。

2. 区块链在物联网领域的应用

物联网具有很大的便利性，但是其自身也存在许多风险与不足，比如不能很好地保护客户隐私，不能高效维护自身安全，使物联网技术受到抨击。而区块链技术自身具有的去中心化、交易匿名性等特点，便能很好地弥补物联网技术的不足。

一是区块链技术具有去中心化的特点，各个节点之间是相互平等的，这不仅能够加强主体间的相互合作，降低中心化所带来的成本，而且能够很好地规避中心波及周围的风险，提高物联网的安全性。二是区块链技术具有分布式记账的功能，能够为物联网充当超大容量、智能化账本的角色，记录所有交易数据且不容易被篡改，提高了物联网运行的安全性与便捷性。三是区块链技术具有交易匿名性的特点，其与物联网相结合，便能很好地避免物联网中的私密数据被泄露、被篡改，能有效地保障物联网数据安全。区块链技术还能对物联网中的重要数据进行加密处理，能够有效降低数据被私自篡改、被盗取的风险。

3. 区块链在供应链领域的应用

区块链技术具有分布式以及不可篡改的特点，可以简单地说，区块链技术最大的特性与价值便是创造信任。

（1）实现全供应链数据真实可追溯，保障商品质量。区块链分布式存储、不可篡改的特性使任何人都不可篡改或伪造在区块链上的数据，由此保证了数据在流通环节的真实可靠，这为供应链带来了前所未有的透明度，最大限度地保障了产品的真实性。

（2）推动行业互信与供应链协同，实现效能提升。区块链技术与供应链协同运行，能够为供应链记录、处理各方面的信息数据。

（3）更好地展现商品背后的故事，塑造品牌差异化。对于品牌来说，区块链不仅是保障商品真实性的工具，更是讲述商品在供应链上所经历的故事、塑造品牌差异化的有力手段。

4. 区块链在医疗领域的应用

区块链技术具有分布式记账功能，因而能够对医疗的历史数据进行分类储存，不仅能够记录医疗流程，而且能够追溯药品信息，加强医疗体系监管。对医疗费用的计算及收费也能做到精准，保证过程公开透明，减少医疗纠纷及医疗资源浪费。区块链技术为设备安全质量提供保障，保证医疗网络安全运行，防止出现医疗设备故障影响健康的问题。

（二）区块链前沿应用研究

1. 智慧城市

智慧城市不同于传统的城市，其利用区块链技术能够收集及处理有关居民生活的各种信息，对数据进行处理分类，从而能够很好地满足居民需求。

智慧城市涉及智慧物流、智慧交通、智慧医疗等各个领域，能够全面提高服务的智能化与信息化水平。而区块链技术为智慧城市的运行提供了有关技术支撑，区块链的身份验证机制和数据加密机制为智慧城市的数据安全提供了极大的保障。区块链的分布式账本技术能够有效地解决数据孤岛困境。

2. 边缘计算

边缘计算作为5G的重要基础设施可以收集若干不同领域的终端所记录的信息并进行处理，为用户提供有价值的信息，从而满足用户特定的需求。区块链技术可以为边缘计算的这种功能提供保障，以防终端设备数据遭到恶意篡改或破坏。区块链还可以保证边缘计算在安全可靠的环境下运行，保证数据的真实性和有效性，从而使边缘计算运行效率得到提高，质量得到保证，可以优化边缘计算服务模式以保障业务能够顺利进行。

3. 人工智能

人工智能可以通过机器所感知的信息来做出正确的决策，以保障用户预期目标圆满达成。而区块链技术自身所具有的去中心化、不可篡改等特点，可以很好地防止人工智能在数据采集的过程中遭受恶意攻击，从而保证终端设备的安全性及数据的准确性与真实性。区块链技术保障了人工智能在安全可信的环境中运行，能够提高人工智能运行效率，更好地满足人类的需求（曾诗钦等，2020）。

五、区块链发展的意义

一是区块链能够改变传统的政务服务模式，能够有效提高信息数据的安全性，并简化流程，极大地提高政府工作效率。区块链支持政务服务的信息化、智能化，证件、信息的电子化能够避免实体证件所带来的麻烦，信息归集与身份验证等更加便捷，为人们的生活服务提供极大的便利。而且，区块链技术也可以将烦琐的手续简化，使政务服务部门在信息归集、管理、查询等方面更加便捷且准确，能够更好地为居民服务。

二是区块链技术具有安全可靠的数据管理及处理方法，能够对信息进行私密化管理，在进行跨境金融与电子商务交易时，能够很好地保证数据的安全性，使数据及交易信息不会轻易被外部力量所篡改，区块链基于去中心化的设计，除非黑客同时攻击世界所有进行跨境支付的电脑，否则攻击将无法奏效，而这在现实中是无法实现的。区块链技术保证交易在安全稳定的环境中进行，同时还为跨境金融服务提供安全的支付环境，保证交易结算顺利进行，保证资金安全。

三是区块链技术对数据的处理及储存是安全可靠且准确的，方便任何人进行查询，也不会轻易被恶意篡改，这就极大地降低了基层腐败事件出现的概率，任何行为都会被公开透明地记录下来，方便人民及政府进行监督，保障基层清正廉明且高效地服务人民。

四是区块链技术会使国家间的交往与交流更加方便，各国可以依托区块链技术在经济、政治等方面实现接轨，增进经济关系。但是这种技术也有弊端，会使得国家间的竞争更加公开透明、更加激烈，可能会增加激发国家间矛盾与摩擦的概率。

六、我国区块链发展展望

为了实现区块链技术与经济社会发展深度融合，必须积极推动区块链技术以及相关产业的创新与发展，而要实现这个发展目标，关键在于两点。

（一）区块链技术核心

区块链技术是目前我国和欧美发展水平差距较小的一种技术，区块链核心技术实现突破至关重要。我国必须协同合作，加快推动技术攻关，掌握先进的区块链发展核心技术，为区块链相关应用的发展提供坚实支撑，从而使我国在区块链这一新兴领域占据制高点，获取先发优势。目前，区块链技术大多数停留在概念炒作阶段，很多业务场景单纯为了区块链而区块链。目前，我国还未能解决关键核心技术方面的难题，因此，必须潜心钻研，以取得区块链技术方面的新突破。

（二）提升我国在国际上的话语权

从上文中我们可以看到，区块链技术具有不同于以往的信息技术的特点。区块链技术具有很强的扩张性，或者叫侵略性。由于每个个体或者是组织及机构在开展业务时都要遵守区块链的相关规则，所以在全球范围内，谁掌握了话语权或者规则制定权，谁就能扩大其自身的影响范围。区块链能够制定相应的规则，比如生成智能合约，借助其自身的分布式特征，可使相关的个体及组织服从其规则，从而可以将区块链本身的影响力扩大到全球范围。

区块链是一项新兴技术，其发展需要大量集密码学、数学、信息科学等专业技术知识于一身的复合型高端人才。为了实现上述两个目标，我们要致力于培养一批高层次技术人才、领军人才及创新技术团队，加强人才队伍的建设，从而实现依靠人才资源推动区块链技术实现创新发展的目标（郑志明、邱望洁，2020）。

第二节 大 数 据

一、大数据概述

（一）大数据的定义

大数据指的是在特定时间范围内，对大量数据进行处理和分析，从而得出符合用户需求的信息，以便进行相应的决策。

大数据不仅包括互联网数据，还涵盖了各类数据，如交通、生产、工业等领域的信息。在数据时代，这些数据不断传递信息并可进行实时监测。我们称之为大数据，实际上是通过利用这些庞大的数据资源来反映“大决策”“大知识”“大问题”等各方面的内容（彭宇等，2015）。

（二）大数据的基本特点

大数据具有信息量大、高速性、多样性、真实性等特点，能够为使用者进行决策提供有价值的信息。

1. 信息量大

大数据规模大，可以构成级别较大的数据集群。对大数据的处理已经超出了单台计算机的能力，因此需要将任务分解成更小的集群进行管理和分析。

2. 高速性

大数据的高速性特点使其与其他数据集群有所区别。大数据产生和在系统中传输的速度极快，因此需要实时处理和更新，以实现大数据的有效利用。

3. 多样性

大数据类型繁多，表现在数据来源和数据结构方面。大数据的来源不限于图片、影音、文字、数字等，一切能够传输的网络数据都可以称之为大数据，同时大数据结构也表现出多样化。大数据结构不仅是指传统结构，也是指具有半结构化和非结构化的信息。

4. 价值性

大数据中，采集数据不是为了存储，而是为了进行分析。任何用户都可以从大数据中挖掘到有价值的信息，帮助用户更好、更快地完成目标任务（张广开，2021）。

5. 真实性

大数据更能保障数据的真实性。虽然数据本身具有不确定性，但其中也夹杂着具有相当价值量的信息，我们无法保证数据的完全真实，只能通过一定的手段对数据进行处理，保证数据满足一定的要求（牛长春、王福超，2021）。

（三）大数据分类

近年来，国内外互联网企业发展迅速，为大数据提供了大量数据来源。这些海量数据主要可以分为感知数据、互联网数据、科研数据以及企业数据，为大数据的分类提供了基础（张兰廷，2014）。

二、大数据的起源与发展过程

“大数据”的发展经历了多个阶段，可分为萌芽、突破、成熟、运用阶段。

2000 年，“大数据”一词首次在论文中被提到。

从“大数据”首次被提出，其发展经历了萌芽、突破以及成熟阶段，直到2009年，大数据进入应用阶段，对其应用研究也不断深入。

大数据技术发展成熟以后，被应用到各行各业，从2013年起，对大数据的应用不断向各个领域渗透并深入发展，因此2013年也可以被称为“大数据元年”。

三、国内外发展现状

（一）国外发展现状

当前，各国早已清楚地认识到大数据技术的重要性，为了增强本国的竞争力，美国、英国、欧盟等国家和组织皆出台了若干政策来推动大数据技术的研究与创新，并且在大数据发展方面也取得了极大的进展。

美国为了推进大数据的发展，提高其在国际上的竞争力，早已将大数据发展的相关政策上升到国家战略的高度，积极推进大数据技术在医疗、教育、科研、环境保护等领域的应用与发展，出台了若干有关大数据发展的科研计划，希望取得大数据领域的重大突破。

英国为了全力支持大数据的发展，在2017年就已经开放了若干领域的核心数据库，出台了若干推动大数据发展的科研计划，并率先建成了世界首个大数据研究所，在大数据研究领域取得了巨大的成绩。同时，英国投入巨额资金支持科研机构及科研团体，致力于早日实现科研数据的共享与开放。

欧盟积极采取措施来发展大数据，以提高国际竞争力。欧盟推动大数据领域发展的措施主要包括以下一些：对数据进行开放，支持数据共享；鼓励大数据的相关研究与创新；将对大数据的支持政策上升到国家战略层面；推动实现数据的循环利用。

法国投入3亿欧元资金来支持大数据的创新研究与应用，并向大数据初创企业提供启动资金，将大数据定位为高新技术进行发展，制定并实施了一系列大数据研究计划和支持投资计划，推动大数据技术应用于实践。法国借助其自身所拥有的数学与统计学优势，极力推动大数据领域的创新与发展。

（二）我国大数据的发展战略

我国高度重视大数据技术的发展，相继出台了一系列政策支持大数据技术在我国的发展。

2014 年的政府工作报告中首次提到“大数据”一词，大数据逐渐成为各级政府关注的热点；2015 年 8 月，国务院发布文件，指出为了实现推动大数据发展、建设数据强国的目标，要加快推动大数据实现共享与开放；2015 年 10 月，党的十八届五中全会提出了“实施国家大数据战略”，大数据发展上升到国家战略的高度；2016 年 9 月，国务院印发《政务信息资源共享管理暂行办法》，对有关大数据的管理及使用提出了具体的要求，以推动公共数据共享和政务信息系统互联；2016 年 12 月，《大数据产业发展规划（2016－2020 年）》发布，提出将电子政务和智慧城市的建设作为抓手，建设全国一体化的大数据中心；2017 年 5 月，国务院提出要建立多级互联的数据共享交换平台体系，推动政务数据实现共享与开放，促进信息在各级政府部门之间进行共享，提高公共服务水平；2017 年 12 月 8 日，习近平总书记在中共中央政治局第二次集体学习时强调，推动实施国家大数据战略，加快完善数字基础设施，推进数据资源整合和开放共享，保障数据安全，加快建设数字中国，更好服务我国经济社会发展和人民生活改善。[①] 2020 年 3 月，数据被当成是一种要素写入了《中共中央 国务院关于构建更加完善的要素市场化配置体制机制的意见》中；2021 年 3 月，“十四五”规划针对“加快数字化发展”做出了全面部署，提出发展数字经济，推动数字经济和实体经济深度融合（程辉等，2020）。

---

① 《习近平主持中共中央政治局第二次集体学习》，中华人民共和国中央人民政府网，http：//www. gov. cn/guowuyuan/2017 －12/09/content_5245520. htm？ cid ＝303。

四、大数据的应用研究

（一）大数据在农业中的应用

大数据可以结合农作物对土壤的需求，利用现代信息技术方法改善土壤状况，使土壤状况达到最有利于农业种植的标准；大数据可以应用在种植前的选种过程，对相关农业数据进行统计分析，结合天气状况、土壤状况、病虫害记录以及市场需求等多方面因素，得出最适合种植的种子信息，从而有利于农业生产者挑选、培育出最适宜在此片土地上种植的种子；大数据可以应用于种植过程，比如应用在病虫害的治理上，大数据平台可利用往年病虫害数据进行预判，构建病虫害预警系统；大数据可以在农产品成熟以后，运用其系统进行销售，不仅为消费者提供安全农产品的溯源信息，还可根据销售状况收集消费者的偏好与需求，从而有利于为农业种植提供建议，以更好地满足消费者需求，提高销售量，以及根据消费者的意见和偏好做出改变和创新，有利于新品种的培育（王桂平，2021）。

（二）大数据在企业中的应用

大数据技术对企业生产经营起着至关重要的作用。一是大数据可以记录企业生产等相关信息，方便企业进行管理；二是大数据可以有效分析市场状况及同行业竞争者的情况，从而制定出有利于本企业参与市场竞争的经营策略与营销策略，使企业成为市场竞争中的优胜者，为企业创造更好的效益；三是大数据可以通过企业销售信息有效分析市场需求，比如通过大数据技术的应用来了解消费者的消费习惯和需求，并根据市场状况动态调整企业生产及经营策略，增强企业竞争能力，防止企业被市场所淘汰。

（三）大数据在电力系统中的应用

将大数据技术融入电力系统，可以发挥下列作用：一方面，可以对整个电力系统的用电负荷进行科学分析，从而评估电力系统的安全性，以便有关单位对相关线路进行改造和升级；另一方面，大数据技术可以收集用电方的使用数据，通过数据处理推断出用电方的用电偏好，从而使供电方合理安排电力生产。

（四）大数据在社会中的应用

一方面，用户可以按照自己的喜好，对自己的社交好友进行分组，并对其进行备注以便于查找；另一方面，社交平台可以根据用户的社交对象及社交相关信息，向用户推荐他希望得到或者与用户有关的信息，从而方便用户社交。

（五）大数据在物联网中的应用

物联网是在互联网基础上发展起来的一种物与物、物与人的智能化互通的网络。但在物联网中，“物”的数量和种类是非常多的，单纯依靠传统的处理方式是无法实现“物”的高效处理的，而应用大数据技术，可以提高物联网的智能运作水平，提升物联网运行效率（王靓靓，2021）。

（六）大数据在智慧城市中的应用

大数据技术可以使智慧城市规划更加合理，管理过程更加信息化、智能化，同时决策者在大数据的协助下可以做出更有利于城市长远发展的决策和规划。智慧城市发展过程中，应做好信息化决策工作。大数据通过数据发掘和共享，为城市管理提供信息支持，更好地规划安排城市交通等一系列基础设施建设，使城市更加便于管理，能更好地满足居民需求，提高居民生活质量。并且，大数据技术还有利于对资源利用做出合理规划，提高资源利用率，实现资源循环利用，城市环境也会因此得到改善（王莉，2021）。

五、大数据的发展意义

（一）促进决策

大数据技术可以对海量数据进行分类归结，从中找出真正有价值的信息数据。决策者可以利用有价值的数据，正确分析实际情况，做出最优决策，从而为政府提供决策依据，使政策更贴近人民、服务人民，使企业提高竞争力。

（二）大数据的市场价值

当前，发达的互联网以及社交媒体为我们提供了铺天盖地的信息。但大多数信息可能都是无用的。而大数据的价值不仅在于能为我们提供海量数据，更在于能为我们进行数据处理，从若干数据中提炼出真正有价值的数据，并将这些有价值的数据交到恰当的机构或个人的手中，从而创造巨大的市场价值与财富。

（三）大数据的预测价值

通过大数据实现对未来的预测是其发展的重要价值。它的预测价值是指对数据进行记录、考察，发现规律，从而优化数据系统来实现预测未来运行的模式（张兰廷，2014）。

六、大数据发展的未来展望

（一）实现大规模发展

目前，大数据有发展速度较快、结构较为复杂等特点。在信息化、数字化等飞速发展的驱动下，大数据的规模、种类、复杂程度均发生了变化。在大数据的发展过程中，应当创新与研究大数据技术，并将其作为基础从而实现对存储模式的开发与系列应用，如分布式数据库等。

（二）数据资源化

当今社会，网络和社交媒体的发展，使得海量信息能够轻易获取，但是数据类型繁杂，价值不一，人们难以辨别真伪并进行利用。大数据技术能够对数据进行归集，方便查询，且能自行提取有价值的信息，将冗杂的信息变为可供人们查询利用的资源，通过将多种不同分类的大数据进行整合的方式，完成资源的整合统一，从而创造出最多的价值。

（三）大数据促进科技融合

大数据发展过程中，数据与科技会实现碰撞与融合，推动物联网、云计算等各新兴领域技术的交叉发展。大数据的发展，既能改变传统的发展模式，更重要的是可以实现创新发展与应用，促进科技融合。

（四）融合以人为本的理念

在进行数据分析时，数据使用者有必要根据自我意识对数据进行发展和创新。在处理过程中，需将数据分析作为基础内容，根据自己的实际需求进行数据的再次处理，并进行科学决策及探索。但由于数据本身的特性，分析过程还需要结合人的思维意识进行灵活处理，从而推动大数据在个人的探索和发展创新方面的应用。

（五）大数据形象化

针对大数据的可视化，在人机交互过程中，可利用图像编辑和文本直接进行操作。同时也可以根据数据使用者的实际需求，有目的地实现可视化。通过对大数据的分析及处理，能够有效地使大数据形象化，并为用户提供最直观的数据体验和最好的服务，从根本上提高数据的使用效率，体现出数据的有效性。（张海燕，2020）

第三节　工业互联网

一、工业互联网的基本概述

（一）工业互联网的定义

工业互联网是一个开放的、全球化的工业网络。工业互联网既实现了人、数据和机器的连接，也实现了工业、技术和互联网的深度融合。工业互联网的本质是通过互联网平台将设备、生产线、工厂、供应商、产品以及客户连接在一起，以此形式促进制造业形成产业链。工业互联网可以实现设备、系统、厂区、地区的互联与互通，进而提高制造业的智能化水平，实现跨越式发展，使工业经济走向高效共享模式（金浩，2020）。

目前，工业互联网作为一种新兴的业态和模式，代表着互联网新维度的应用，其与互联网的关系可类比为互联网与移动互联网之间的联系。但工业互联网主要服务于工业生产经营，通过应用创新来实现智能化和网络协同化发展。

工业互联网目前的切入点是制造业，但其也包括了许多其他领域的应用。工业互联网作为网络基础设施中的关键，保障好工业互联网的安全及可靠，是拓展互联网应用发展的保障（李海花，2019）。

（二）工业互联网系统特征

1. 可靠性

可靠性是指工业互联网具备安全、可信赖的特点。它能确保信息数据的安全，避免对用户造成损害，并保护系统安全。因此，在工业互联网领域，这种安全性被称为可靠性。

2. 可信性

工业互联网中的信息数据处于安全的状态。信息数据不会被随意窃取或篡改，使整个系统环境是安全可靠的，因此具有可信性。

3. 稳定性

工业互联网系统具有自我调节、应对风险的能力。工业互联网系统有能力应对外界的冲击并且维护系统自身的稳定运行，使整个系统处于安全可靠的环境，从而保证系统的稳定性（沈苏彬、杨震，2015）。

二、工业互联网的起源与发展历程

国外工业互联网的发展起步时间较早，这一概念最早被提出是在2012 年。通用电气公司提出可以在工业领域形成协同关系，来提高工业运行效率（万晓霞等，2021）。

此后，工业互联网获得初步的发展，具有代表性的是美国在 2014 年成立了世界上首个工业互联网联盟（李海花，2019）。

国外工业互联网的发展路径大概有三条：一是由传统的工业企业向网络化企业进行转型；二是网络信息企业向工业领域进行延伸；三是新兴企业从一开始就致力于成为工业互联网典型企业。

最早的工业互联网雏形出现在 20 世纪 60 年代，所采取的路径便是由传统的工业企业朝着网络化企业进行过渡。目前，各国纷纷出台相关战略以推动工业互联网的发展。例如韩国在 2002 年就提出了打造电子韩国的战略，日本则是在 2004 年提出相关工业互联网的发展战略，新加坡政府和美国政府分别在 2006 年和 2008 年提出相关战略，欧盟则在 2009 年推出“物联网行动计划”。这些国家和地区所做出的努力和提出的战略都为工业互联网的实现奠定了良好的基础（肖俊芳，2014）。

三、国内外工业互联网发展现状

（一）国外工业互联网的主要进展

国外对工业互联网发展的起步时间较早，截至目前已经具备较为完善的发展体系。其中比较具有代表性的就是美国的通用电气公司，它率先提出了工业互联网的概念。另一个例子是德国西门子公司的数字化工厂改造。

美国通用公司利用原有的医疗、物流、交通等方面的发展优势，在2015年就已推出工业互联网平台，并开发出若干工业应用软件。德国西门子公司在早期就致力于对传统工厂进行数字化改造，从而实现工厂运行的智能化，并致力于打造开放的工业互联网平台。

（二）我国工业互联网发展现状

我国高度重视工业互联网的创新及发展。早在2017年12月中共中央政治局第二次集体学习时，习近平总书记就提出了支持工业互联网创新发展的国家战略，以推动我国工业发展实现转型升级。这意味着，工业互联网发展已经上升到国家战略的高度。

近年来，工业互联网的规模逐年扩大，带动三次产业增加值迅速增长，并呈现出逐年上升的态势。产业结构持续优化，制造业实现转型升级。当前，我国已经基本完成工业互联网发展的顶层设计工作，工业互联网的发展已经进入快速创新发展的时代（李海花，2019）。

2021年1月，工信部印发了《工业互联网创新发展行动计划(2021－2023年)》，以推动工业互联网的创新发展及新技术融合，从而建设良好的产业生态。目前，我国工业互联网的应用已经渗透至国民经济的各个领域，如物流、交通、能源等领域。在工业互联网中，通过运用数据要素使工业生产效率得到了极大的提高，推动并实现了生产运营及管理模式等的优化。工业互联网已经成为新一轮科技革命和产业革命的重要推动力量，为制造业转型升级、产业新生态的蓬勃发展以及经济的高质量发展注入了强大的动力（前瞻产业研究院，2021）。

四、典型行业中工业互联网的应用

目前，工业互联网已经获得了更为深入的发展。工业互联网不仅推动了工业的转型与发展，同时也已经被成功地运用到国民经济社会的各个领域，其中包括商业、金融、农业等领域。这对人们的生产生活和社会的经济发展产生了巨大的影响。由此，工业互联网可以被称为第四次工业革命的基石（于建秋等，2021）。

工业互联网的发展能够催生规模化定制、网络化协同、服务化延伸以及智能化生产等制造业新模式与新业态的产生。其中，规模化定制的关键是精准获取用户需求，通过对数据进行分析并利用分析结果，实现企业产品的量化生产；网络化协同是一种基于工业互联网技术的资源整合的新模式；服务化延伸指企业在依托智能产品网络接入的基础上，通过对智能产品的运行数据和用户体验反馈数据进行汇聚和分析，除了提供传统的产品服务外，也提供远程维护、性能优化升级等多种增值服务，这样就可以实现优化产品设计和服务的新模式；智能化生产是指企业对整个生产流程在工业互联网的基础上进行优化并做出智能化决策的过程。

关于工业互联网的应用，我们以下面三个行业为例进行说明：

一是工业互联网在钢铁行业的应用。由于钢铁行业已经具备较好的数字基础，因此现阶段应继续向拓展数字化改造、提升数字的高效利用两方面发展。将工业互联网应用到钢铁行业，首先可以对生产运营进行优化。生产运营优化是指形成资产管理、调度控制、工艺调优、远程协同共四类应用场景，从而促进行业整体智能化管理。其次可以对环境保护、安全管理方面进行优化，保障生产运营安全以及提高资源利用率，既达到了经济效益目标，又能实现绿色可持续发展。最后是能够实现生产链、供应链、销售链的协同，有利于合理安排生产，提高销售业绩，获得更高收益。

二是工业互联网在船舶行业的应用。工业互联网的应用能够提高船舶行业运作的智能化水平，使行业内各个环节协同作业，实现更深层次智能化发展。同时，工业互联网也将助力船舶行业形成生产运营优化、供应链管理优化、产品设计优化三大应用模式。工业互联网在船舶行业的应用主要包括两条应用路径：一条是生产环节智能化改造。结合行业本身所具备的设备量大、生产调度困难等特点，加强各生产环节之间的智能化连接和总控制能力。另一条是实现生产流程的优化。增强船舶行业各个环节之间的协同性，从整体上优化船舶行业全流程。

三是工业互联网在汽车行业的应用。汽车行业的发展已经具备良好的基础，工业互联网的应用给汽车行业发展带来了更大的活力。一方面，工业互联网的应用使得汽车行业能更加准确地把握市场需求，而且能够对市场需求进行预测，从而能够扩大汽车行业的覆盖范围，优化汽车产业布局。另一方面，工业互联网能够对汽车生产、供应、销售、质保等全流程进行优化，形成一体化协同的布局，也可以为汽车行业对新领域的探索提供坚实保障（尹杨鹏，2020）。

五、工业互联网高质量发展的战略意义与举措

（一）战略意义

工业互联网可以说是当前工业革命的基石，发展工业互联网具有极为重要的战略意义。发展工业互联网，首先能够有效地支撑供应链的运行，受新冠肺炎疫情的影响，许多行业的发展都受到了强烈的冲击，工业互联网的存在既能很好地满足人们的需求，同时还能保障内需，激发经济发展活力，以应对经济发展的下行压力。其次，工业互联网的发展程度能够体现一个国家的发展水平与竞争能力，我们能够通过发展工业互联网塑造良好的国际竞争力，从而提升国际地位与国际话语权。最后，发展工业互联网，能够依托网络，完善基础设施建设，提高我国的

创新创造能力，从而建设创新型国家，营造良好的产业环境，并推动经济高质量发展（武汉大学工业互联网研究课题组，2020）。

（二）举措

发展工业互联网，首先应当为工业互联网营造良好的发展环境和发展氛围，打造良好的产业体系和产业生态。其次，要为工业互联网的发展做好基础设施建设，制定完善的要求和标准以及行之有效的监管体系。同时，还要为工业互联网的发展做好安全保障，使得工业互联网的发展能够安全有序进行，不受外部因素干扰。另外，通过加快建设工业互联网平台，推动工业互联网平台得到有效利用，真正发挥工业互联网平台的作用。最后，要加强我国与他国的互联互通与交流合作，致力于在全球范围内打造良好的工业互联网生态，以推动各方实现利益最大化（武汉大学工业互联网研究课题组，2020）。

六、工业互联网发展展望

众所周知，我国工业的发展起步较晚，但当前已经成长为世界范围内工业门类最为齐全、工业体系最为完善的工业大国。我国的传统工业发展具有较为雄厚的发展基础，在互联网高新技术的影响下，工业体系正朝着网络化、智能化方向转变。在发展中，传统工业雄厚的实力和殷实的经验，再插上互联网的翅膀，我国工业必将形成更加完善、更加发达的数字产业生态。这会为我国工业制造业的发展带来前所未有的新机遇。工业互联网的发展不仅为工业制造业的发展带来不可多得的优势，我国一些知名企业如阿里、腾讯等也在云计算、人工智能等多领域得到了更为深入的发展，为我国工业互联网发展注入了力量。

在各领域技术的驱动下，互联网与工业未来会实现更大程度的融合。工业与互联网相融合，使得工业能够借助互联网带来的各种数据实现蜕变，如能够更好地根据市场需求来创新产业体系满足消费者的需求、根据市场状况制定营销策略，以及萌发出新兴业态等。通过互联网与工业的融合推动工业实现产业结构优化以及转型升级已成为不可逆转的趋势（杨家荣，2020）。

根据《工业互联网创新发展行动计划（2021－2023年）》，我们可以确定，我国工业互联网将会获得前所未有的发展，到时必将萌发出更多新兴的产业模式，形成更加完善的产业体系，产业综合实力也将大幅提高（中国信息通信研究院等，2021）。这也意味着工业互联网在我国的发展已进入了新的阶段，未来关键领域核心技术必将实现重大突破，产品供应能力与创新方面必将取得重大突破，我国工业互联网技术必将跃上更高的台阶（《建设机械技术与管理》杂志社，2021）。

第四节　人工智能

一、人工智能概述

（一）人工智能的定义

人们通常会将人工智能（AI）与机器人、机器学习、计算机等联系起来。人工智能可以认为是计算机技术的一个分支，可以运用计算机技术对人的思维以及行为进行模拟。人工智能就是对人的思维及行为之后的原理进行模拟和研究，从而实现对知识的获取、表示及运用，以实现对计算机技术深层次的研究与应用，使得人工智能能够完成人类难以胜任的任务（周琪、付随鑫，2020）。

（二）人工智能的分类

通常意义上，人工智能大概可以分为弱人工智能、强人工智能以及超级人工智能三大类。

弱人工智能指的是较为浅层次的人工智能，可以说当前我们身边能见到的，比如扫地机器人、导航机器人、机器手等，都属于弱人工智能。弱人工智能在大数据技术的基础上，根据人们编写的程序、输入的数据等，完成一些力所能及的任务，极大地减少了人们的工作量，提高了工作效率。这毫无疑问能够为人们的日常生产、生活、工作及学习提供极大的助力，带来极大的便捷性。在未来，弱人工智能经过创新与发展，能够创造出更多切实有利于国民经济与社会发展的新技术和新功能。

强人工智能是我们目前进行人工智能研究所要达到的目标，即强人工智能可以为我们的生产、生活、学习等安排规划好一切，这是我们特别希望实现的一个目标，这会极大地改变我们所处的状态，人们在轻松愉悦的状态下，就能有计划地完成所需完成的一切任务。这是人工智能研究需要实现但还未完成的一个目标。强人工智能十分接近人类自身所能达到的智能水平。强人工智能的实现，将会极大地提升国民经济与社会发展的智能化水平。

超级人工智能是我们对人工智能发展的理想目标，其智能化水平远超人类自身的智能。超级人工智能会自行进化，从而实现自身的完善与发展，但这需要科学家们做出更大的努力进行开发和研究（林清，2020）。

二、人工智能的起源与发展历程

1945 年，世界上第一台电子计算机问世，同时，相关专家提出了关于机器智能的问题。人工智能的起源可以追溯到 1956 年，在这一年，“人工智能”的概念被首次提出，自此，人工智能的研究与发展问题进入大众视野（黄欣荣，2019）。

自从 1956 年开始人工智能的相关研究后，人工智能的发展就受到了一些国家的重视。比如英国、美国等国家在 20 世纪 60 年代投入了大量的资金支持人工智能项目研究，虽然期间由于各方面因素，资金供应难以得到保障，使得人工智能研究进程受到阻碍，但由于商业等各方面对人工智能的需求，更多的国家纷纷加入人工智能的研究队伍。至21世纪，人工智能已经应用到物流、餐饮、医药等国民经济各个领域，而近几年，人工智能的发展更是受到了各国政府高度重视（张心悦，2021）。

当前，人类对于人工智能的研究还处于初级阶段，未来需要做出更大的努力才能真正完成对人工智能的研究与应用，我们距离真正意义上的人工智能还有很长的路要走（李子青，2019）。

三、国内外人工智能发展现状

（一）世界主要国家和地区人工智能布局特点

各国都非常重视对人工智能的研究与发展，纷纷把人工智能发展上升到国家战略的高度。

德国在2013年提出的“工业4.0”战略中，就已经提出了关于人工智能的发展安排。2018年，德国推出“推进人工智能应用”等举措，极大地促进了德国人工智能技术的发展，使德国成为人工智能领域世界领先的研究、开发与应用地区之一。此外，德国还发布了《联邦政府人工智能战略》，制定了三大战略目标，旨在用“AI+工业4.0”打造“人工智能德国制造”品牌。2020年，德国加强了对人工智能的研究以及对人工智能人才的培养，比如成立人工智能研究所等。

美国在2016年就发布了关于促进人工智能发展的相关战略，比如《国家人工智能研发战略计划》等。美国还采取为人工智能的发展投入大量资金、加大力度培养人工智能研究人才等措施。2018年，美国政府还将对人工智能列入优先发展的行列，并立法支持和保障人工智能的研究与创新发展。2019年，美国更新《国家人工智能研发战略计划》以积极维持美国在AI方面的战略地位。

欧盟高度重视并推动完善AI发展中的伦理和安全理念，坚持以人为本的理念，于2018年发布了《欧盟人工智能战略》，设立高级别人工智能专家组（AI HLEG），并制定了《可信赖的人工智能道德准则草案》。欧盟还为支持人工智能的发展投入了巨额资金，致力于打造人工智能生态系统。

英国也不断加大政策、资金、人才和国际合作方面的布局力度，致力于将英国打造成为世界人工智能创新中心，为此公布了《产业战略：人工智能领域行动》《在英国发展人工智能》等政策以鼓励关键领域的创新与创造。

我国将人工智能纳入新基建，推动多领域应用，大力推进并强调加快推进新型基础设施的建设步伐。人工智能技术被视为新一轮产业变革的核心驱动力量。为此，我国于 2020 年 7 月发布了《国家新一代人工智能标准体系建设指南》，以推动人工智能进一步发展，实现人工智能产业创新及可持续发展（清华—中国工程院知识智能联合研究中心等，2020）。

（二）我国人工智能发展战略

当前，新一轮科技革命与产业革命正在兴起，人工智能作为其中具有代表性的领域，对增强我国的国际竞争力及国际影响力具有重大作用。因此，我国高度重视对人工智能技术的发展研究。

我国积极构建信息化基础设施，以推动我国产业实现智能化、网络化、信息化。2017 年，国务院发布《新一代人工智能发展规划》，对我国人工智能在未来 30 年的发展做出了明确规划。

自 2017 年以来，我国每年的政府工作报告中也屡次提到了关于人工智能发展的问题，足以证明我国对人工智能发展的重视程度。2020 年，人工智能被列入数字新基建的发展范围，未来，人工智能必将成为推动我国经济高质量发展的重要力量，为数字经济的发展提供坚实支撑（王哲等，2021）。

四、人工智能在重点领域中的应用

人工智能作为新一轮科技革命与产业革命的代表性产业，其发展受到了国家的大力支持。当前，人工智能已经应用于国民经济的各个领域，如教育、医疗、工业等，提高了传统产业的效率，推动了传统产业的智能化转型，极大地便利了人们的生产生活（清华—中国工程院知识智能联合研究中心等，2020）。

（一）在制造领域的应用

在市场有效的基础上，将人工智能技术应用到制造业企业，能够有效提高制造业市场的流动性，增强人们对制造业市场的发展信心，有效扩大制造业市场的融资规模。同时，人工智能应用到制造业会使该行业企业的资本结构得到优化，并提高该行业的创新能力。从长期看，人工智能技术与各行各业的传统企业相结合，会赋予传统企业较强的发展活力，且随着各种互联网新兴技术的涌现，人工智能技术与各行各业的传统企业相融合已经成为必然趋势。未来，随着软硬件技术的不断成熟，新型制造业企业将会不断涌现，企业制造成本会不断降低，产品性能得到提高，制造业企业也会逐步向资本密集型转变（米晋宏等，2020）。

（二）在医疗领域的应用

在医疗领域，人工智能已经被运用于临床诊断、医学治疗、医疗康复、日常健康管理、疾病预测、医学研究等多个方面。

在临床诊断方面，人工智能可以利用图像解读技术对医学影像进行解读和分析，并以此来诊断疾病，此外，人工智能可以通过提取实时数据诊断患者的健康状况；在医学治疗方面，人工智能可以用于为患者提供医学治疗建议，具体来说，人工智能可以分析诸如专业文献和患者病历之类的数据，评估和比较可以选择的各种治疗方法，并提出最佳治疗方法，此外，人工智能也被广泛地应用于医学手术之中；在医疗康复方面，人工智能康复机器可以根据患者身体情况自动调整训练参数，帮助患者选择最佳训练方案，有助于加快患者恢复、减少患者痛苦；在日常健康管理方面，人工智能的应用程序可提供定制的健康评估和治疗建议；在医学研究方面，人工智能可以收集和分析医学文献，可以帮助匹配适合研究的患者类型，这是由于人工智能可以更迅速、更全面地收集、识别、分析、处理数据，从而被广泛应用于科学研究领域（郭一帆，2021）。

（三）在教育领域的应用

人工智能自引进教育领域以来，其发展潜力与价值已得到广泛验证且取得了较大成功。人工智能在课堂教学、学校管理及教育系统三个层面发挥了巨大效用，推动了正规教育系统的进一步变革。

人工智能在课堂教学中能够根据不同学生的需求提供个性化且适合学生的学习方法。人工智能能够识别何种教学材料和方法最适合个别学生的水平，并根据个别学生的数据对学习过程的下一步骤做出预测、建议及决定，进而帮助学生按照自己的步调掌握学习主题，为教师提供帮助学生的有效建议，能为有特殊需求的学生学习提供支持与帮助，一方面帮助规避学生的某些障碍问题，另一方面基于科学研究从问题根源上帮助学生解决障碍问题。例如，患有自闭症的学生在人工智能支持下可以通过与课堂中的虚拟角色或物体进行交互和协作，以提高社交技能，进而解决心理障碍。

人工智能在学校管理与教育系统层面的应用主要是预测模型及评估模型的建构，为教育机构和教育系统提供反馈，服务于教育决策，目的在于提高高质量初等、中等教育的学业完成率，降低学生辍学率，以及改造教育评估工具（如标准化评估工具等）（钟悦、王洁，2021）。

五、人工智能发展的意义

（一）人工智能与人类意识

人工智能的发展对国民经济生产与生活产生了巨大影响。人工智能能够替代人类完成部分活动，极大地解放人力。同时，人工智能的研究也对人类意识的发展产生了重大影响。

一方面，人工智能的产生是人类意识发挥作用的结果，人工智能的发展要与人类意识紧密相连，如此才能体现出人类的集体智慧，真正达到与人类意识等同的高度以及超越人类意识所能达到的高度。另一方面，人工智能可以说是人类意识的一种新形式，人工智能的产生使人类能够更好地认识世界与改造世界。人工智能通过对人类意识背后的原理进行模拟，通过一定的发展，甚至可以弥补人类自身的不足。因此，人工智能与人类意识的关系是相辅相成、相互促进、互为补充的。

（二）人工智能与人类社会的发展

目前，我们对人工智能的研究虽然还不够深入，但是人工智能对于我们的生产生活早已产生了巨大影响。同时，人工智能的发展也会受到人们不断增长、变化的需求的影响，个性化及多样化的需求也会驱动人工智能朝更高层次发展。

科学家与研究者们可以研究出一套完整的人工智能应用体系，人类可以运用人工智能更为高效地完成各项艰难的任务，帮助人类解决攻克不了的难题，提高经济效率，促进经济发展，为社会进步与发展奠定坚实的经济基础。当今时代对人类的创新创造力提出了更高的要求，而人工智能的发展能够增加人的知识储备以及提升创新能力，从而推动人类社会的发展与进步（林清，2020）。

六、人工智能未来发展趋势

当前，人工智能的发展受到了世界各国高度重视，美国、欧洲等国家早已投入巨额资金支持人工智能的研发，我国也不例外。人工智能的发展在未来数年将成为主流的新兴技术，人工智能时代也即将到来。

人工智能在大数据技术的基础上，可以轻松获取和处理海量信息，通过芯片以及神经元网络，可以使人工智能所感知的信息知识储备远远超过人脑所能达到的水平。目前，我们能见到的是人工智能已经被应用于智能家电、工业制造、服务业以及商业零售等各个领域，给人们带来了极大便利。未来，人工智能技术会彻底改变人们的生产及生活方式，人工智能机器人也将成为人手必备的好帮手与情感交流机器。

人工智能技术不仅能用于生产生活的各个方面，更令人震惊的是，人工智能的感知能力与智力水平，最终能够突破人类的极限，机器的学习能力是没有限制的，能达到的水平是我们目前所无法想象的，毫无疑问，未来我们最终会进入人工智能时代。

但是，人工智能在带来巨大便利与优势的同时，也带来了诸多弊端。人工智能使人们的生活效率大大提高，同时也淘汰了一系列体力工作者，造成大批人员失业。人工智能会使商业模式、工作模式发生翻天覆地的变化，必定会极大地影响人类原有的生存模式，但这是不可避免的，科技进步从来都是利弊并存的双刃剑，我们唯有保持创新与进步，才能跟得上时代的步伐，不被时代所淘汰（余献平，2020）。

第五节　云　计　算

一、云计算的基本概述

（一）云计算的定义

云计算是分布式计算的一种，指的是通过网络“云”将巨大的数据计算处理程序分解成无数个小程序，然后通过多部服务器组成的系统进行处理和分析这些小程序得到的结果并返回给用户。

云计算本质上是一种基于互联网的超级计算模式，由多个廉价服务器组成，可以提供动态的网络资源池、虚拟化和高可用性的下一代计算。

平台等关键的核心计算机技术，使互联网成为用户的数据和计算中心，为用户提供安全便捷的数据存储和网络服务（中国信息通信研究院，2020)。

只要使用者能够运用互联网和客户端访问云计算平台，即可根据用户的需要，租用所需服务，无须搭建相关设备即可接入（智岩岩，2021)。

（二）云计算的特性

一是云计算具有可兼容的特点。可兼容意味着云计算具有相对独立性，具有其自身的运行特点。在不同的操作环境下，云计算能够进行调节，以满足特定环境下的运行要求。因此，云计算可以在不同的载体上实现兼容，从而保证在不同的设备下实现特定的功能。

二是云计算具有可拓展性。在对数据进行处理时，计算需求的增加会对云计算的计算能力提出更高的要求。然而，云计算是具有可拓展性的，可以随着运算需求的增加来扩大自己的计算容量并提升计算能力，从而实时满足系统的计算需求，提高数据处理效率。

三是云计算是安全可靠的。云计算的运行系统是由多节点替代传统的单节点系统，在对数据进行处理时，可以保证云计算系统的安全可靠性，防止数据计算量突然增加从而使云计算系统崩溃的状况发生，提高云计算的数据处理能力。

四是云计算具有虚拟化的特点。由于云计算具有相对独立性，因此可以独立于物理服务器与云端服务系统，是一种虚拟化的状态，可以实现对数据的虚拟化处理，实现数字化需求。

五是云计算可以按照需求进行部署。云计算不是自动运行的，而是实时响应用户指令对内部的信息资源进行调配，从而满足数据的计算需求（沈飞英，2021)。

二、云计算的起源与发展历程

由于互联网与社交媒体的发展，我们每天接触到的数据信息数以亿计，对数据处理能力的需求不断上升。早在2006年，云计算的概念就已诞生。经过数年的发展，云计算的功能不断创新与完善，云计算服务也已涉及以往各个传统领域。2019 年，云计算的发展就已经进入成熟阶段。

如今，人们对数据处理的需求日益多样化，云计算发展面临着更广阔的空间。产业、商业等各领域的发展推动着云计算应对多样化、充满挑战的应用场景，提供更具竞争力的服务，实现更高层次的发展。

三、国内外云计算发展现状

（一）国外云计算发展现状

云计算一词最早是由 Google 公司和 IBM 联合提出来的，其实早在 1987 年，Google 公司就已经开始研究如何优化搜索引擎，其搜索引擎需要若干服务器来支撑运行。当前，该公司旗下的设施都在进行优化，以提升自身云计算能力。Google 公司所拥有的 Hadoop 框架可以说是云计算的核心之一，该公司已掌握了关于云计算最核心的技术。

目前，Google 公司不断进行技术研究与创新，在云计算的研究领域始终保持世界先进水平，走在云计算研究的前列，并不断取得新的突破（韩丹萍，2019）。

（二）我国云计算发展现状

相比于西方国家而言，我国云计算的发展起步时间较晚，但我国在云计算研究领域也取得了重要成就。

2015 年，国务院发布了相关促进云计算发展的文件及项目指南。“十三五”规划纲要也提出要推动云计算相关项目的开展。在研究领域，一些高校如清华大学等早已开展对云计算技术的相关研究，并在研究与应用领域取得了较大进展和突破。在企业领域，由于公有云具有安全可靠、按需部署、不需要投入过多精力进行维护，以及花费成本较低的独特优势，若干企业已经选择应用云计算技术，实现企业上云（陈静，2020）。在政府方面，我国投入了巨额科研专项资金以支持云计算技术的研究，并致力于出台相关法律保障云计算技术的发展，保障云计算技术在市场需求的导向下，朝着可应用、可推广的方向发展。在产业领域，腾讯、阿里、百度等率先开启运用云计算技术的相关项目，使云计算技术得到实际运用，并不断推广云计算领域的相关技术和设备（马东波，2020）。

虽然我国在云计算的研究与应用领域已经取得了巨大的成就，但是，我国对云计算技术的研究仍然处于发展阶段，未来需要投入更多资源以保障云计算技术的发展。当前，我国新兴产业蓬勃发展，云计算能为我国实现数字化转型以及数字化发展提供技术支撑，为我国未来的发展提供强大的推动力量（曲双石，2020）。

四、云计算的应用

海量资源、按需供给、成本低、易扩展等特点，使云计算的市场规模获得了较大增长，在互联网服务、工业、农业、海洋、教育等各个行业得到广泛应用（陈静，2020）。

（一）工业云

云计算的技术应用场景十分广阔。工业云计算平台是指基于计算机以及互联网所形成的大数据计算平台。工业云在原有工业基础设施的基础上，运用云计算技术，提高了工业系统的智能化水平。

工业云运用云计算技术可以为企业提供大量有价值的数据，企业可以按需付费，从而降低数据收集以及创新的成本，提高企业的生产运营效率。工业云还可以为用户提供相应的软件平台及专业化服务，降低企业成本，促进工业发展（张李伟，2020）。

（二）政务云

政务云是云计算技术与政府相关职能有效结合的高效处理政务的便

捷方法。政务云通过支持核心业务职能（包括管理ERP、颁发许可和授权、接收和处理付款、管理税收系统以及分析政府数据），从而极大地提升政府行政效率。

政务云的建设并不需要额外的基础设施，所需的只是一台计算机和互联网连接，利用基于云的通信系统。它可以更新和升级，无须花费更换所有硬件的额外费用，同时，政务云也不需要投入更多的人力进行运行和维护。

政务云提高了政务服务的信息化水平，使政府能够实现数据共享与协同，既能保证政务服务系统的安全可靠性，又能提升数据的利用率，提高政府工作效率，降低成本，提高政府部门的财政灵活性。

（三）金融云

金融行业主要包括银行业、保险、基金、理财管理公司、证券等具体行业，目前，随着互联网金融的发展，集中式处理模式已远不能满足市场的需求，而基于分布式计算的云平台更符合目前业务的需要从而在金融业得到广泛推广和应用。

在新一轮科技革命与产业革命的背景下，传统金融机构可以借助原有的技术基础与云计算技术相结合，将客户、数据、流程及价值通过大数据等技术手段构建到“云”中，提高数据利用率，从而极大地优化系统体验，降低系统的运行成本，计算和存储能力也可以像电一样进行随用随付，方便快捷（石刚，2020）。

（四）医疗云

医疗云依靠云计算能力，可以简化流程，将日益复杂的应用简化，大大提升了用户的体验感和幸福感。

医疗云突破了传统的物理限制，实现了医疗信息共享，有助于防止医院信息不对称，减轻患者的迷茫并加大医疗信息的透明性，减少异地就医的困难。在医疗云的支持下，医疗信息能够更快地进行迭代，推进医疗智能化的发展，对远程医疗以及个人健康信息档案的建立有着无可替代的重要作用（张爽，2021）。

五、云计算发展的意义

（一）发展云计算可以有效促进产业结构调整升级

20 世纪 90 年代，云计算促进了信息产业的结构转型，调整了经济结构，使经济规模迅速扩大。云计算、大数据等新一代的信息技术手段能够有效地解决并完善传统产业中信息不流通、效率低下以及资源浪费等问题，极大加快企业的数字化转型。

通过云计算的发展，建设以云计算能力为主的新兴数字化产业，能够极大推动传统企业向“互联网 +”的跨越式发展，为未来要面对的机遇奠定深厚的基础，达到调整产业结构、实现科学合理发展的效果，从而提高产业竞争能力。

（二）发展云计算可以提高产业活力，扶持新兴创业

随着我国的快速发展，企业加快向数字化转型，追求更加智能、智慧化，云计算可以与更多新兴产业结合，融合更多产业因素，与动漫、直播、游戏等领域相结合，拓宽云计算的范畴，增强产业的整体活力。

云计算对于新兴产业更有着巨大的扶持作用。新兴创业公司资源相对较少，而云计算可以极大地减少计算机资源耗费，新创公司无须像传统创业企业那样耗费资源在计算机上。此外，云桌面的运行也更加快速，且更易掌控，能够有效防止公司机密泄露，数据更加安全。

（三）云计算可以提高公共服务的便捷性

云计算的应用对公共服务有着深远的影响，对公共服务、医疗卫生、社区保障等都有着巨大的技术提升，使公共服务更加快捷、便利，流程更加简洁和自动化。

云计算应用于公共医疗领域中，可以使医院的预约、挂号、网上缴

费、远程诊断、医保办理、异地就医等复杂、耗时的流程实现智能化、自动化，人们可以直接在网上进行办理，极大地节省了病人看病花费在走流程上的时间，也方便医生进行回访和远程诊断。云计算甚至能通过大数据的计算对比，协助医生精准确定患者的病因，极大地减少误诊的概率。

云计算在城市生活中也应用广泛，大数据配合云计算，在疏导城市交通、出行路线排优、公车路线以及到站时间的预估等方面都有着无可替代的优势，有助于为人们的出行和生活提供更高效、更优质的服务。

云计算为政府部门提供了强大的业务数据整理能力以及决策的数据支撑，极大地减轻了政府部门的公共服务行政负担，也优化了公共服务流程，大大提高了公共服务流程的便捷性，增强了人民的幸福感。

六、云计算的未来发展趋势

（一）与信息技术结合，进一步发展云计算服务和提供更基础的云服务

云计算未来将呈现一种共创多赢的局面。云计算应进一步与各大前沿技术结合，依靠日渐发展的硬件技术以及5G、人工智能等技术，协作共赢，进一步提升云计算本身的计算能力，同时也将云计算能力应用于各行各业，推进国家朝智能化、智慧化方向发展。云计算与5G、人工智能等技术也是相辅相成的。一方面，云计算为人工智能提供了更强大的计算能力，为人工智能的深度学习能力等提供了技术基础，为人工智能的海量数据提供计算力，提高数据的分析速度和分析效率。另一方面，人工智能的数据甄别和数据挖掘又极大地提高了云计算的计算能力和计算效率。

（二）提供更加安全的私有化保护，更为快速和更有效率地消除安全隐患

随着数字化的快速发展和生活工具的快速数字化，人们也越来越需

要进行数据的信息安全保护。随着云计算技术的发展，越来越多的行业开始应用云计算，其中包括政务、金融、教育等行业。对于云计算的数据安全问题，国家也极为重视，出台了多项政策，各界也相继投入大量的人力物力到云计算的数据安全性研发中。

（三）云计算将被更多地应用于传统行业，推进我国的数字化转型

传统企业应加大对云计算的重视程度。随着我国现代化的发展，传统企业在旧发展模式下生产效率低下，耗费严重。云计算技术的加入，将加快传统企业的数字化转型，突破产业的发展模式，使企业向智能化、精细化方向发展。例如，智能传感设备以及云计算将使传统农业生产更加精细化，实现对温度、湿度等农业生产重要影响因素的智能化监控，并将数据上传至云端，进行实时监控并对数据进行对比分析，得出最优生产环境参数，极大提高农业生产的产量与效率（王青春等，2021）。

第六节 物 联 网

一、物联网概述

（一）物联网的定义

“物联网”是利用各种信息传感设备，如无线射频识别（RFID）装置、红外传感器、全球定位系统、激光扫描等将物品与互联网结合起来而形成的一个巨大网络。其目的就是让所有的物品都与网络连接在一起，实现万物互联，方便识别和管理。

物联网的本质是通过不同制式的通信协议连接人与设备，通过各种指令控制物理设备，设备对现实环境产生特定影响，人们便可在现实环

境感知由此带来的温度、湿度、物理空间、时空等方面的主观感受，以此为各类场景带来应用价值（吴志华，2021）。

（二）物联网的基本特征

物联网的基本特征如下：

一是通过各种智能设备将信息进行集中化、智能化处理。人们可以通过终端接收各种物理维度、时间和空间维度的详细信息。

二是物联网将是与时俱进、不断发展的。

三是物联网的交互不仅包括人与人的信息交互，还包含物与物的信息交互。

二、物联网的起源与发展历程

物联网的概念起源于1999年，由麻省理工学院 Auto－ID 实验室提出。最早的物联网思想是利用无线射频识别（RFID）、对物品编码和互联网技术，组建一个全球信息共享的实物性互联网“Internet of Things”。随后国际电信联盟（ITU）明确了物联网的概念，对其加以详细划分。随着物联网技术的发展，物联网定义的范围也在不断扩大。

三、国内外物联网的发展

（一）国外物联网的发展

欧美各国投入大量资源和人力用于物联网技术的发展。美国在该领域具有先发优势，并推动了物联网技术与各个领域的深度融合。目前，美国已建立了相对完善的产业链。欧盟各国也于2009年前后相继颁布了物联网技术发展规范，并提供政策帮助。使物联网行业快速发展，技术成果相继出现。亚洲地区的发展中国家对于物联网技术更加重视，纷纷投入大量的人力发展物联网技术。物联网技术在亚洲各国也得到了迅猛发展。

（二）我国物联网的发展

2009 年，物联网就已经被列入我国重点发展的行业之中，经过这些年的发展，物联网已延伸到我国的各行各业当中，对各行各业的产业升级和创新都发挥了弥足轻重的作用。例如，我国的工业生产引入物联网后产生了革命性的突破，工业生产更加智能和规模化。基建行业引入物联网也为我国节省了大量的资源，大幅降低了人力成本。

我国已经出台了关于各个行业物联网技术发展的标准与战略规划。在相关政策的强力支持下，我国物联网技术也获得了极大的发展。目前，我国已经将物联网技术应用到智能交通、智慧医疗及建筑等各个领域，且其应用范围还在继续扩张（刘蔚，2019）。

四、物联网的应用现状

物联网在各行各业都有着十分广泛的应用，在城市生活、工业领域、农业领域等都发挥着无可替代的重要作用，甚至带来革命性的突破。物联网意味着未来的生产、生活必更加智能化、简洁化。

（一）工业生产领域

物联网技术为工业领域带来了革命性的突破。现代工业生产要求精细化、智能化、自动化以及规模化、而这些要求往往都是人力难以达到的，需要靠专业的器械和工业母机来完成。而物联网技术为这些带来了可能。它简化了整体工业生产流程和整体设备操作要求，可以智能化地协助工业企业进行规模化的生产，降低损耗，减少人力成本。物联网的出现，为工业领域带来了一次革命，旧有的生产模式必将被更加简洁和精细化的物联网生产模式所取代。

（二）农业生产领域

物联网也可以应用到农业领域中，通过智能设备和信息技术，实现了对农业生产过程的可视化、可控化，利用各类传感器、RFID 设备、视频监控等方式，采集农业生产方面的各种现场信息，包括酸碱度、空气温湿度、二氧化碳浓度、光照强度等，实现农业生产的精细化控制，减少农业生产面临的风险，增加农业生产的产量，减少农业过程中的资源浪费，达到节能增产的目的。另外，物联网技术对于农业的产销，运输方面也有着更大的宽泛应用，农业运输中，物联网技术能够优化运输路线，提前预估农产品需求量。并且及时反馈运输过程的各种状况，提高精细化管理的水平。

在农业创新、农业实验方面，物联网技术也有着无可替代的作用。物联网技术能够满足农业实验中对各种实验参数的精细考量，同时信息技术的加入以及智能化的设备能够让实验者对各种参数进行控制，使实验过程更加自动化、智能化。

（三）智能建筑领域

物联网技术在智能建筑领域有着广泛应用。在智能社区管理方面，物联网技术能实时监控小区电梯以及公共设备的运行状态，实现小区管理的精细化和智能化。在建筑初期，物联网技术也能够加强建设活动的智能化，更加合理地安排建筑工具和人员，加强建筑资源的调度合理性，减少建筑过程中的各种资源浪费。

（四）医疗卫生领域

物联网技术能够针对医药、医疗用品进行智能化放置以及调用，为医疗工作者的工作提供巨大的便利，使医疗工作者可以精准地取放药品以及医疗器械，极大提升了医疗工作者的工作效率和便捷性。另外，物联网技术可以将医生的执行信息以及病人的身体状况信息进行及时沟通、交互，使患者可以及时找到适合的医生，医生也能够及时了解患者的病情。

物联网还能帮助优化药品生产流程，减少生产、运输过程中所产生的损耗。

（五）物流供应领域

随着信息技术的不断进步，物联网技术在物流供应链领域中发挥着革命性的作用。结合网络信息技术，物联网技术可以实现对物流运输中各个环节的重点监控，减少物流管理中的混乱和丢失风险。此外，物联网的智能处理可以为需要大量人力的物流供应领域减负，提高整体运行效率并降低损耗和人力成本。同时，物联网技术也能够显著提升整个物流运输体系的信息传递效率。

（六）智能电网领域

物联网可以通过智能化设备，实现对电网的各个重要节点进行智能监控，及时反馈整体电力输送网的安全运行状况，对安全隐患进行预警，降低整体电路的安全风险的同时实现了电力输送与智能化程序的完美融合，提高对整个电力系统的精细化管理，降低从生产到消费的损耗，最终提高整体能源利用水平，达到节能、高效的目标。

智能电网的出现，满足了我国对于现代化电力网的高效、安全、智能等要求，实现了我国现代化可持续发展与智能化发展的结合。同时智能化电力设备的发展也为周边产业提供了巨大的市场。

（七）智能交通领域

物联网作为新一代信息技术的重要组成部分，通过射频识别、全球定位系统等信息感应设备，可以按照约定的协议，把任何物体与互联网相连，进行信息交换和通信。

视频监控与采集技术可以加强对交通的管控，通过视频监控技术可以加大对各种违反城市管理法规活动的威慑，提高城市安全。视频采集技术也能为城市人员管理、违法管控等提供有效的技术支持。

全球定位系统（GPS）是卫星定位以及地图处理相结合的定位技术。它使人能够快速定位自己的位置，在交通甚至安全方面发挥着巨大的作用。

五、物联网发展的意义

物联网的快速发展不仅能够提升人们的生活便捷性和效率，还可以为经济、社会、国家安全及科技发展带来重大的战略价值。在经济方面，物联网技术可以加速生产流程，提高生产效率，降低生产成本，从而推动经济的发展。在社会方面，物联网技术可以加速信息交互，提高人们的信息掌握能力和效率，促进社会信息化进程。在国家安全方面，物联网技术可以加强物联网设备的安全性，提高国家网络安全水平。在科技发展方面，物联网技术可以促进各个领域的技术创新和发展，推动科技进步和经济发展。因此，物联网的快速发展具有重要的战略意义和价值。

六、物联网未来发展展望

物联网未来发展主要有三大核心领域：

一是以覆盖整个城市的信息管理系统形成的广域物联网，智慧城市就是其中之一。智慧城市就是通过物联网技术、智能化程序和城市中能够进行信息交互的设备所形成的一套智能程序，通过交通、环境、市场、能源、安全安防等信息设备实现对整个城市的精细化管理，最终提升对城市的感知和管理能力，提升公共服务能力，提高城市居民的生活水平，提高人民的幸福感，打造人与自然和谐相处的现代化城市。进入21世纪以来，随着人们收入水平和知识水平的提升，人们也越加追求更加舒适的公共环境以及便捷的公共服务，智慧城市应运而生，随着人民对于幸福生活的追求，智慧城市也必将会更加智能化、现代化和智慧化。

二是智能穿戴和智能家居共同构建的物联网。智能穿戴设备是指除手机外可供人佩戴的配饰，能收集、上传信息并与人实现信息交互。智能家居是指除电脑外可接收指令、上传信息的家居设备。这两者共同构建的物联网使人们的信息交互更便捷，可以提升人们的生活质量与幸福感。通过智能穿戴设备，人们可以更清楚地了解自身身体状况并及时响应外界信息。智能家居的最大优点在于让人们的操作更简便，甚至可通过声音控制家居。越先进的自动化与智能化家居需求越少的人工操作，从而显著提升生活效率与舒适度。

三是以工业互联网、车联网发展起来的高速互联网。工业互联网是通过智能芯片控制工业制造端、传送端构建物联网数据平台，优化生产流程。车联网是将交通数据管理、车内智能化控制等集于一体的智能交通控制方式，可以实现人与智能系统的信息交互，实现通信和信息交换，使得人们的出行和生活更加便捷、高效。

第七节 虚拟现实和增强现实

一、虚拟（增强）现实的基本概述

（一）增强现实和虚拟现实的定义

增强现实（augmented reality，AR）是把虚拟的信息数据和对真实世界的感知融合到一起的技术。AR 是通过计算机信息技术，将现实世界感知到的关于信息的细腻内容相互补充和叠加，促使真实世界信息和虚拟世界信息内容综合在一起的较新的技术内容。

虚拟现实（virtual reality，VR）是 20 世纪发展起来的一项全新的实用技术，利用这一技术可以创建并体验虚拟世界。VR 是通过一定的技术和设备，将现实生活中的数据，通过三维模型表现出来，从而获得类似于真实世界，甚至比真实世界更强的听觉、视觉、触觉等真实的情境体验（焦雨蒙等，2020）。

（二）虚拟（增强）现实的主要特征

一是沉浸感，是指用户进入虚拟环境中的程度。系统的核心是提高用户沉浸度，高质量三维虚拟环境能使用户高度沉浸在虚拟现实体验中，并在触觉、视觉等多种感官中产生模拟现实的真实感。

二是交互性，是指用户与虚拟环境中的对象进行互动并能获得反馈的行为过程。越理想的虚拟现实自然反馈程度越高，可以具备所有人类自然感知行为模式。虚拟系统对象需具备可操作性，要求可听、可视、可触摸，用户可与对象进行实时交互。

三是构想性，是指用户在认知层面上的获得感。用户能在虚拟现实环境中提升认识，使用户的思维得到深化与开拓，并启发用户的创新思维，使用户能感知到现实世界所感知不到细腻体验，提高用户虚拟现实综合体验感（杨青、钟书华，2020）。

四是自主性，是指虚拟世界能够根据真实世界的客观规律自行运转而做出类似真实世界的反应，如苹果会掉到地上等。

五是多感知性，是指利用计算机技术能够获得更多的感知体验，比如五官感受等。真正的虚拟现实能够让人身临其境，能够模拟人类的所有感知。由于技术限制，特别是传感器以及脑电波解析等的限制，当前的虚拟现实技术也仅仅具有几种有限的感知功能，如视觉、听觉、触觉等。

（三）虚拟现实和增强现实的关系

增强现实和虚拟现实两者之间关系非常紧密，增强现实就是由虚拟现实发展而来的，这两种技术可以说是具有相同的来源。两种技术也有很多的相同点：首先，都需要利用计算机技术处理信息；其次，都需要使用外部设备进行协助模拟感知，才能将计算机生成的虚拟信息让人类能够感知到；最后，都需要使用者与计算机进行实时交互，都需要人工智能技术协助进行交互信息（张帅，2018）。

两种技术之间也有一些不同点：一是展现方式不同。虚拟现实的展现标志是搭配头显和手柄进行交互体验，主要是让体验者能够身临其境地体验到虚拟世界的感知信息。增强现实则是基于计算机系统，将数据分析和处理的结果反馈到用户视线中，是虚拟与现实的结合，能够为用户的工作生活提供更大的提升和便利；增强现实能通过特定设备将数据、视频和3D物品叠加到体验者的视觉中，不像虚拟现实那样需要沉重的设备进行辅助，轻便的展现设备是增强现实技术比虚拟现实技术更占优势的地方。二是展现内容不同。虚拟现实是将模拟出的现实环境中的所有感官体验全部通过传感器体现到使用者的立体感知中，而增强现实仅仅是将处理的数据体现在用户视线中，更像是虚拟与现实的混合。

二、虚拟（增强）现实的起源与发展历程

虚拟现实概念由来已久，大致可划分为 4 个阶段：技术概念的提出、中间技术探索、获得重大进展以及出现消费级产品。虚拟现实的概念早在 1930 年就有人提出，而直到 21 世纪初才出现重大进展并出现消费级产品，中间技术的缓慢探索和发展持续了近 70 年，直到 21 世纪硬件和光学网络技术的发展才解决了虚拟现实技术的关键瓶颈。尽管相关技术取得重大进展，但仍没有一个概括性术语来描述这个领域，直至 1987 年，兰尼尔（J. Lanier）才首次提出了“虚拟现实”这一术语。

随着虚拟现实技术的发展，人们开始将这一技术应用到现实工作生活中，增强现实技术应运而生。虚拟现实技术经过长时间的发展，特别是进入 21 世纪后，硬件和网络技术快速发展，为虚拟现实技术的爆发性发展提供了契机，并迅速应用到各个领域。虚拟现实市场也逐渐成熟并出现了消费级产品。

2016 年 7 月，一款名叫《精灵宝可梦》（Pokémon GO）的虚拟现实游戏在全球各个地方受到追捧，虚拟现实功能在手机端获得极大的发

展，因此，2016 年也被称为“AR/VR 元年”。

三、国内外虚拟（增强）现实技术发展现状

（一）国外虚拟（增强）现实技术发展现状

目前，各国都在大力发展虚拟现实技术，而美国就是其中佼佼者之一。

从 20 世纪末开始，美国就重视虚拟现实技术，并开发出相应的虚拟场景供士兵进行模拟训练。美国宇航局更是重视虚拟现实技术对于航空方面的帮助，其资助的实验室在虚拟空间中模拟出真实航天数据以及飞行环境，使飞行员能够在虚拟空间进行模拟训练。这项技术为宇航局节省了大量的资金。美国在虚拟现实领域处于世界前列，各个研究室都接收到来自社会和政府的资金资助，麻省理工学院就通过资助研究出先进的人工智能头盔，更利用虚拟现实技术去模拟无人机的飞行、射击等工作模式。

英国在虚拟现实技术领域取得了很多成果。英国航空公司利用虚拟现实技术将拍摄到的场景立体化，以降低操作难度，提高侦查效率，并运用虚拟现实技术测试传统武器在各个场景的具体性能。

欧洲的许多国家都对虚拟现实技术十分重视并且投入了大量的人力物力，其中西班牙的虚拟奥运会、德国的虚拟测试、荷兰的虚拟体能测试等，都体现了欧洲国家对于虚拟现实技术的倡导和重视。

目前，日本在虚拟现实技术的发展和应用方面处于世界领先水平。日本的虚拟现实头戴显示屏以及虚拟现实眼镜都有着不错的性能，许多用户都对这些产品有着极大的关注和支持，市场前景很好。

（二）我国虚拟（增强）现实技术发展现状

我国 VR 技术起步比较晚，拥有后发优势，能够看到技术的发展前景，并避免前期探索技术发展方向的成本。因此，虚拟现实技术在我国

的发展极为迅速，并且在多个领域共同发展。这一技术将成为我国下一轮的巨大风口之一。

首先，我国成立了许多主攻虚拟现实技术的企业，随着这些企业的发展，我国虚拟现实的生态圈也会越来越成熟，各种类型的软硬件公司也必将加入其中，推动我国虚拟现实产业的发展。

其次，国家大力提倡发展虚拟现实技术，预计未来中国虚拟现实市场短时间内仍将保持30%～40%的高增长率。

最后，我国全力推动全产业链从掌握关键技术、提高自我的创新创造能力、丰富优质内容供给等方面下功夫，加强产业协同，加快应用示范，共同推动中国虚拟现实产业健康可持续发展。

四、虚拟（增强）现实技术的应用

（一）在军事领域的应用

在军事领域，虚拟现实技术早就得到应用。利用虚拟现实技术模拟战争地形及天气，可以增强士兵的体验，提高模拟战争的有效性。另外，军队领导者能在没有牺牲和伤害的情况下准确知道部队的战斗力以及不足。

（二）在装备制造领域的应用

虚拟现实技术为装备领域提供了巨大的支持。利用虚拟现实技术进行模拟试验和设计，可以减少设备的材料损耗，降低设备设计的要求，提升设计的便捷性。虚拟现实技术也能在试验中模拟各种应用场景，准确了解设备在各种场景下的性能要求，从而降低在实际应用中所会遇到的风险。

（三）在医学中的应用

医疗健康是虚拟现实技术的一大重要应用场景，通过虚拟现实技术模拟实验材料以及场景，能够极大地锻炼医生的临床经验，提高手术的准确性和熟练度。虚拟现实也能为实现一对一的家庭医生服务提供技术支持，为电子病例服务提供巨大的方便。

（四）在文化教育中的应用

虚拟现实技术在文化教育领域也有着非常广阔的前景，如历史知识等都可以通过虚拟现实技术制作成一幅幅历史画卷，让学生如亲临现场，调动学生学习的兴趣和积极性。比较枯燥的学术知识如物理、化学等知识也能通过虚拟现实技术模拟实验场景，让学生亲自体验实验而无须实验器材与材料，极大地减少教育资源的投入却能获得更好的效果。学生也能通过虚拟场景上课，实现在家就能接受教育，实现真正的一对一教学等。

（五）在电子商务中的应用

虚拟现实在电子商务领域有着广阔无比的市场前景，传统的商业、商务模式都受空间位置以及人员聚居程度影响，而虚拟现实技术却能为商铺提供一个虚拟位置，从而让人员无须亲临实地就能查看和浏览商品，员工也无须在店铺周围租赁房子，从而为商店节约大量成本与支出。

（六）数字营销

虚拟现实在数字营销方面更有着无可比拟的优势。从传统的店铺营销到网络上在线购物的图片视频展示，虚拟现实能够将两者进行结合，让消费者无须走动，就能在各大商铺中全方位浏览自己想要的产品，并能够如亲临般查看所需要的产品，对产品本身也好，对消费者也好，这都将是颠覆性的产业革命以及巨大的体验提升。

（七）数字出版

继纸质和数字出版物之后，虚拟现实版本的出版物也将逐渐出现在人们的视野中。一方面，这种技术可以将枯燥的文字扩展为一幅幅画卷，极大地提升人们的阅读体验。另一方面，这种技术也能让人有亲临其境的代入感，提高书籍的可读性。

五、虚拟（增强）现实技术的发展意义

发展虚拟现实技术在日常生活中有着巨大的意义。

一方面，在日常生活中，虚拟现实技术能够将提升人们的生活体验，比如单纯的音乐，虚拟现实技术能制造出演唱会现场的气氛与音乐效果，在家里上课如同在教室上课一样，足不出户就能游遍三山五岳，在家就能享受电影院的体验。

另一方面，随着虚拟现实技术的发展，越来越多的人无须为了生活四处漂泊，在家就能完成工作，同时也能够减少交通压力，人与人之间也有更多的时间相处。因此虚拟现实技术可以极大地提高人们的生活体验和幸福感。

虚拟现实在游戏方面也会有巨大的市场发展前景，逼真的场景必将产生无法抗拒的吸引力，随着虚拟市场的发展也必将容纳巨大的流量。虚拟现实技术也是元宇宙发展的重要技术支撑，未来将有更多结合元宇宙概念的游戏产生。

六、虚拟（增强）现实技术发展展望

随着网络技术的更新换代，5G 的下载速率已达到千兆。而信息上传和下载速率的提升，必将使虚拟现实的构建速度更快，相同时间内能获取的信息更多，将现实虚拟得更加真实。

虚拟现实技术快速迭代，它将如同互联网一样连接起来，对人类社会生活和行为方式产生革命性影响。人们将不必聚居在大城市里从事工作，日常会议等活动也可以通过虚拟现实在家中实现，就如同真实的面对面会议一样。因此，空间将不再是限制人类发展的因素。虚拟现实技术可以为教育领域带来革新，让学生们以更加身临其境的方式学习各种

知识和技能。通过模拟实际场景和情境，学生可以更好地理解抽象概念，从而提高学习效果。此外，虚拟现实技术还能够突破地理和时间的限制，让学生们无论身在何处都能利用优质教育资源。虚拟现实技术可以为旅游业带来翻天覆地的变革。借助虚拟现实，游客在家中就能欣赏到世界各地的美景，感受不同国家和地区的风土人情，从而节省旅行成本和时间。这也有助于缓解现实世界中旅游景区的过度拥挤问题。

本章参考文献

［1］《建设机械技术与管理》杂志社：《工业互联网：第四次工业革命基石》，载《建设机械技术与管理》2021 年第 2 期。

［2］《习近平主持中共中央政治局第二次集体学习》，中华人民共和国中央人民政府网，http：//www. gov. cn/guowuyuan/2017 － 12/09/content_5245520. htm？ cid＝303。

［3］曾诗钦、霍如、黄韬、刘江、汪硕、冯伟：《区块链技术研究综述：原理、进展与应用》，载《通信学报》2020 年第 1 期。

［4］陈静：《面向云计算资源优化管理的需求预测与配置算法研究》，山东科技大学博士学位论文，2020 年。

［5］陈科宇、丁宁：《5G 物联网应用的发展与展望》，载《电子世界》2021 年第 3 期。

［6］程辉、顾进、姜庆丰、张楚瑶：《北京市大数据行动计划解读与展望》，载《北京规划建设》2020 年第 S1 期。

［7］方楠、马思宇：《“新基建”助力物联网迎来下一个黄金十年》，载《通信世界》2020 年第 20 期。

［8］郭一帆：《医疗领域人工智能的应用、风险及对策》，载《西华大学学报（哲学社会科学版）》2021 年第 1 期。

［9］韩丹萍：《云计算技术现状与发展趋势分析》，载《无线互联科技》2019 年第 21 期。

［10］韩璇、袁勇、王飞跃：《区块链安全问题：研究现状与展望》，载《自动化学报》2019 年第 1 期。

［11］黄欣荣：《新一代人工智能研究的回顾与展望》，载《新疆师范大学学报（哲学社会科学版）》2019 年第 4 期。

［12］焦雨蒙、刘猛、王运武：《基于增强现实和虚拟现实的智慧校园建设》，载《数字教育》2020 年第 3 期。

［13］焦玉录：《计算机云计算及其实现技术》，载《电子技术与软件工程》2020 年第 22 期。

［14］金浩：《工业互联网的现状及发展趋势》，载《科学技术创新》2020 年第 18 期。

［15］李海花：《工业互联网的发展历程及实现路径》，载《互联网天地》2019 年第 8 期。

［16］李燕、马海英、王占君：《区块链关键技术的研究进展》，载《计算机工程与应用》2019 年第 20 期。

［17］李雨泽：《物联网发展现状及应用研究》，载《数字通信世界》2020 年第 3 期。

［18］李忠儒：《虚拟现实研究的意义及现状》，载《科技资讯》2009 年第 4 期。

［19］李子青：《计算机人工智能技术的应用与未来发展分析》，载《科技经济市场》2019 年第 10 期。

［20］李子阳：《物联网应用实践及信息通信技术》，载《智能城市》2020 年第 2 期。

［21］林琳、吴淑燕、林恩：《辉国内外工业互联网发展情况与展望》，载《电信网技术》2018 年第 4 期。

［22］林清：《人工智能的发展及其哲学意义》，载《现代交际》2020 年第 14 期。

［23］刘蔚：《解读物联网技术现状及应用前景展望》，载《产业创新研究》2019 年第 10 期。

［24］罗才华、李征：《增强现实产品发展方向研究》，载《北京工业职业技术学院学报》2020 年第 2 期。

［25］马东波：《云计算和大数据技术发展现状及趋势探讨》，载

《产业与科技论坛》2020 年第 21 期。

［26］米晋宏、江凌文、李正图：《人工智能技术应用推进中国制造业升级研究》，载《人文杂志》2020 年第 9 期。

［27］牛长春、王福超：《大数据技术的演进与发展历程》，载《电脑知识与技术》2021 年第 5 期。

［28］彭宇、庞景月、刘大同、彭喜元：《大数据：内涵、技术体系与展望》，载《电子测量与仪器学报》2015 年第 4 期。

［29］前瞻产业研究院：《工业互联网发展现状分析》，载《电器工业》2021 年第 4 期。

［30］清华—中国工程院知识智能联合研究中心等：《中国人工智能发展报告 2020》，转引自澎湃号，https：//www. thepaper. cn/newsDetail_forward_12252266。

［31］曲双石：《云计算加速应用深度》，载《中国投资（中英文）》2020 年第 1 期。

［32］邵奇峰、金澈清、张召、钱卫宁、周傲英：《区块链技术：架构及进展》，载《计算机学报》2018 年第 5 期。

［33］沈飞英：《云计算的发展及其对会计、审计的挑战》，载《财会学习》2021 年第 9 期。

［34］沈苏彬、杨震：《工业互联网概念和模型分析》，载《南京邮电大学学报（自然科学版）》2015 年第 5 期。

［35］石刚：《云计算在金融业的应用研究综述》，载《科技与金融》2020 年第 4 期。

［36］万晓霞、焦智伟、刘名轩、刘段：《工业互联网应用综述》，载《数字印刷》2021 年第 2 期。

［37］王超、金融云：《未来可期》，载《金融博览（财富）》2020 年第 5 期。

［38］王聪：《增强现实与虚拟现实技术的区别和联系》，载《信息技术与标准化》2013 年第 5 期。

［39］王桂平：《大数据在中国农业中的应用及展望——以菏泽牡

丹产业为例》，载《商业经济》2021 年第 4 期。

[40] 王靓靓：《刍议大数据应用的现状及展望》，载《商情》2021 年第 7 期。

[41] 王莉：《大数据技术在智慧城市中的运用初探》，载《电脑与信息技术》2021 年第 1 期。

[42] 王青春、黄启洋、吕衔等：《后疫情时代的云计算发展新机》，载《新经济》2021 年第 2 期。

[43] 王元地、李粒、胡谍：《区块链研究综述》，载《中国矿业大学学报（社会科学版）》2018 年第 3 期。

[44] 王哲、范振锐、唐宇佳：《2021 年中国人工智能产业发展形势展望》，载《机器人产业》2021 年第 2 期。

[45] 吴雪薇、王利双、张盈盈：《增强现实技术发展趋势研究》，载《科技视界》2019 年第 30 期。

[46] 吴志华：《2020 年物联网市场发展年终盘点及 2021 年展望》，载《中国安防》2021 年第 Z1 期。

[47] 武海龙：《面向政务云的安全体系设计与实践》，载《网络空间安全》2020 年第 4 期。

[48] 武汉大学工业互联网研究课题组：《“十四五”时期工业互联网高质量发展的战略思考》，载《中国软科学》2020 年第 5 期。

[49] 肖俊芳、李俊、郭娴：《我国工业互联网发展浅析》，载《保密科学技术》2014 年第 4 期。

[50] 徐建红：《浅谈物联网的应用与发展》，载《国际公关》2019 年第 9 期。

[51] 徐可源：《引领万物互联，成熟尚需时日——物联网行业现状与展望》，载《现代商业银行》2020 年第 13 期。

[52] 徐倩：《浅谈云计算》，载《电脑知识与技术》2018 年第 1 期。

[53] 徐振立：《浅谈 VR 虚拟现实在我国的现状及发展趋势》，载《计算机产品与流通》2020 年第 1 期。

[54] 薛腾飞：《区块链应用若干问题研究》，北京邮电大学博士学

位论文，2019 年。

［55］杨虎涛：《人工智能、奇点时代与中国机遇》，载《财经问题研究》2018 年第 12 期。

［56］杨家荣：《工业互联网的发展现状与展望》，载《上海电气技术》2020 年第 3 期。

［57］杨青、钟书华：《国外“虚拟现实技术发展及演化趋势”研究综述》，载《自然辩证法通讯》2021 年第 3 期。

［58］杨青、钟书华：《中国虚拟现实技术发展研究：回顾与展望》，载《科学管理研究》2020 年第 5 期。

［59］尹杨鹏、李亚宁、崔粲、贾金鹏：《重点行业工业互联网应用路径研究》，载《信息通信技术与政策》2020 年第 6 期。

［60］于建秋、刘荣、张宾、崔保磊、吕猛、张帆：《基于工业互联网的区块链技术应用研究》，载《物联网技术》2021 年第 2 期。

［61］余献平：《人工智能应用及发展趋势探索》，载《数字技术与应用》2020 年第 11 期。

［62］袁勇、王飞跃：《区块链技术发展现状与展望》，载《自动化学报》2016 年第 4 期。

［63］张广开：《大数据技术在企业战略管理中的应用》，载《中国集体经济》2021 年第 3 期。

［64］张海水：《宿州市云计算产业发展问题研究》，载《农村经济与科技》2020 年第 22 期。

［65］张海燕：《网络大数据的现状与展望研究》，载《中国新通信》2020 年第 18 期。

［66］张昊：《虚拟现实技术发展现状及趋势展望探究》，载《数字技术与应用》2019 年第 3 期。

［67］张兰廷：《大数据的社会价值与战略选择》，中共中央党校博士学位论文，2014 年。

［68］张李伟：《工业云平台建设及其实践路径》，载《电子技术与软件工程》2020 年第 14 期。

[69] 张亮、刘百祥、张如意、江斌鑫、刘一江：《区块链技术综述》，载《计算机工程》2019 年第 5 期。

[70] 张帅：《虚拟现实及增强现实技术的发展现状及前景》，载《佳木斯职业学院学报》2018 年第 8 期。

[71] 张爽：《智慧医疗云平台发展前景》，载《中国新通信》2021 年第 4 期。

[72] 张喜贺、李博文、经晓彤：《全球视野下的 AR 技术发展与应用》，载《记者观察》2019 年第 33 期。

[73] 张心悦：《人工智能技术发展现状与展望》，载《电子技术与软件工程》2021 年第 2 期。

[74] 赵沁平：《虚拟现实，让生活更精彩》，载《中国报业》2021 年第 7 期。

[75] 郑志明、邱望洁：《我国区块链发展趋势与思考》，载《中国科学基金》2020 年第 1 期。

[76] 智岩岩：《基于云计算平台的数据安全防护机制研究》，载《中国宽带》2021 年第 2 期。

[77] 中国信息通信研究院、前瞻产业研究院、东吴证券研究所：《工业互联网 2021 -2023 发展指南》，载《经济》2021 年第 2 期。

[78] 中国信息通信研究院：《云计算发展研究》，载《大数据时代》2020 年第 8 期。

[79] 钟悦、王洁：《教育领域人工智能的应用现状、影响与挑战——基于 OECD〈教育中的可信赖人工智能：前景与挑战〉报告的解读与分析》，载《世界教育信息》2021 第 1 期。

[80] 周明：《物联网应用若干关键问题的研究》，北京邮电大学博士学位论文，2014 年。

[81] 周琪、付随鑫：《美国人工智能的发展及政府发展战略》，载《世界经济与政治》2020 年第 6 期。

第四章

东北地区数字经济发展路径探索

第一节　发展数字经济促进东北地区高质量发展

随着物联网、云计算、大数据、人工智能等数字技术的迭代，数字技术在传统经济模式下的应用降低了组织间和组织内部的交易成本，改变了信息传递、知识获取方式，改进了传统行业资源与需求的匹配模式、价值创造模式并重构了产业生态规则。一场由数字技术带来的经济变革、效率变革正在全社会悄然发生，由此而生的数字经济正在蓬勃发展，已经成为国民经济发展中不可忽视的力量。

2018 年中国数字经济总量达到 31.3 万亿元，占 GDP 比重达 34.8%，对 GDP 增长的贡献率达到 67.9%，同比提升 12.9 个百分点①，中国数字经济的发展规模已经超越部分发达国家。为顺应新一轮科技革命、产业革命大势，抓住数字经济发展的时代机遇，东北三省正加快数字经济建设步伐，以实现东北地区政府服务效率提高、传统产业升级、科技创新力培育与社会民生服务改善，使发展数字经济成为推动东北地

---

① 中国信息通信研究院：《中国数字经济发展与就业白皮书（2019 年）》，http：//www.caict.ac.cn/kxyj/qwfb/bps/201904/P020190417344468720243.pdf。

区高质量发展的突破口和着力点。具体来看，包括以下几个方面。

一、打造“数字政府”提高东北地区政府治理效率

随着全球经济数字化趋势的不断加强，传统政府治理模式无法满足社会发展需求的“鸿沟”日益凸显。目前，各国都在积极探索建立“数字政府”。一方面，“数字政府”的建立能够提高多层级、多部门的政府组织内部运行效率，实现政务信息共享，改变信息封锁和业务交叉带来的政府组织运行低效率；另一方面，“数字政府”的建立能够改善政府与公众、政府与企业间的信息流，提高公共政务信息的透明度，有效规范公共权力。如今，政府与企业开展合作成为推动“数字政府”建设的有效路径。2019 年阿里巴巴集团与黑龙江省人民政府达成战略合作，基于阿里巴巴集团数字经济领域的优势共建“数字龙江”，打造一体化政务数据共享平台。

二、发展“智能制造”助推东北地区产业优化升级

数字经济的发展为东北地区新兴产业培育和传统产业升级提供了最好的机遇。首先，数字产业本身是具有辐射带动力的庞大的产业体系，它以投入要素边际报酬递增、产业发展集约化等特征显著区别于传统的产业模式，是助力东北经济高质量发展转型的主导产业和支撑产业。其次，“互联网 +”等数字技术与传统产业的深度融合，能够推动传统产业数字化，实现传统产业向智能制造、工业强基、绿色制造、服务型制造转型，提高东北工业企业竞争力。数字经济的发展赋予了网络化协同制造新的内涵，能够打破组织边界，实现企业间协同研发、众包设计、供应链协同创新等新模式。除此之外，利用互联网平台能够实现以用户需求为中心的个性定制生产模式，能够有效缓解传统产业产能过剩，实现产销动态平衡。另外，数字经济的发展能够实现东北传统制造业以加工制造为主向服务型制造转型，延伸价值链、提高产品附加值。一直以

来，沈阳市把智能制造作为全市工业高质量发展的重要引擎，2016 年启动了制造业智能升级三年行动方案，已经累计支持智能升级项目 104 个，先后建设了华晨宝马新工厂、新松机器人智能制造工厂和智能制造等重点试点示范项目，有效带动了智能生产、智能产品、智能服务水平的整体提升。近年来，腾讯、阿里巴巴、华为等世界知名的数字技术型企业逐步入驻东北，积极布局东北三省数字产业发展合作。2019 年，华为公司在辽宁构建人工智能创新中心，为传统企业赋能、提升产业效率；腾讯公司搭建“数字辽宁”平台沈抚新区项目，推进实体经济与互联网、云计算、大数据和人工智能等新一代信息技术深度融合，促进传统产业转型升级。

三、发展“数字经济”推动东北地区创新创业

首先，数字经济的发展孕育了极具创新活力的高新技术企业，是激发全社会创新意识和创新热情、推动大众创业热潮的核心驱动力量。其次，随着数字技术的普及和网络化的加速，数字化网络平台和实体经济的结合已逐渐成为创新创业的重要支撑。在推动创新创业新浪潮中，创业企业、创业投资、创业平台爆发式增长，能够降低创业资金准入门槛、资源对接门槛，推动创业群体不断扩大，使“大众创业、万众创新”热潮在全社会蔚然成风。构建创新创业网络平台，为入驻中小企业提供“一站式”全生命周期服务，降低创新资源整合成本、打破产学研用体制束缚，为企业打造独特的创新环境；移动互联网络的发展推动了自媒体的盛行，极大地降低了个人创业的准入门槛，成为大众创业的有力组织平台。2019 年 7 月，由京东集团建设的京东云（辽宁）电商产业集聚中心和电商产业承载空间正式开园，将有效助力东北地区电子商务模式的创新和创业热潮，预计未来产值将达到 100 亿元。

四、建设“智慧城市”促进东北地区民生改善

智慧城市是以数字信息通信技术为手段，通过对城市运行系统关键

信息进行预测、分析以及整合，实现对民生、环保、安全等城市服务的智能响应和智慧式管理，进而为市民提供更加完善的公共服务、创造更美好的生活，促进城市和谐、可持续发展。

具体来看，在智慧公共服务领域，通过建立医疗、就业、住房、扶贫等智能化系统，能够实现便捷化、精准化公共服务供给，有效促进城市公共资源的高效共享。比如，进一步推进“市民卡”建设工程，全面整合就医、出行、消费等多领域功能，逐步实现城市“一卡通”的全方位智慧公共服务。在智慧社会管理方面，通过搭建社会公众政务服务平台，司法、行政、法律帮扶平台及职工维权帮扶平台等，实现以智能语音、电子邮件和人工服务等多种方式为市民提供全面、便捷、高效、专业的政策和法律法规咨询服务。

智慧城市建设是东北实现高质量发展转型的重要战略之一。智慧城市发展战略以提高市民幸福感为基点，促进经济转型、产业升级，为现代化的高质量城市建设提供新动力。由辽宁荣科科技公司负责建设的沈阳市智慧城市运营指挥中心，已经多次在城市重大事件中为城市决策者提供联动调度指挥和决策辅助。

现阶段，东北三省在提高政府效率、推动产业升级、创新力培育与民生建设领域正发挥数字经济的积极作用，但对比全国而言，东北地区数字经济发展水平仍处于中下游。中国信通院、中商产业研究院的研究表明，2018 年东北地区数字经济规模为 1.6 万亿元，仅高于西北地区的 1.26 万亿元，而全国排名首位的长三角地区数字经济规模达到了 8.63 万亿元；从数字经济增速上看，东北地区的增速为 11.3%，西北地区为 16.7%，长三角地区为 18.3%。[①] 由此来看，东北地区的数字经济发展仍然处于起步阶段，未来发展潜力的激发与红利的释放仍任重道远。

---

① 中商产业研究院：《2019 年中国数字经济产业市场前景研究报告》，转引自阿米巴网，https://www.ambchina.com/data/upload/image/20220107/2019 年中国数字经济产业市场前景研究报告_2019.pdf。

对此，为进一步推进东北地区数字经济发展，应加快构建东北地区数字基础网络、提高全民数字素养、进一步促进多方融合等对策建议。

首先，加快数字基础网络建设，奠定数字经济发展基础。大力发展数字经济的前提是具备完善的数字基础网络，如高速网络宽带、IP 地址等。速度更快、成本更低的信息网络，是实现数字经济繁荣发展的基础。而东北三省信息基础建设仍显不足，以吉林省为例，高带宽用户较少，100M 以上宽带用户占全国比排名为 29，偏远、贫困地区 4G 网络覆盖较为薄弱，存在 4G 覆盖盲区。随着 5G 时代的到来，东北三省应积极谋划 5G 建设布局，缩小城乡间“数字鸿沟”，以更好地满足万物互联时代的行业需求，更有力地支撑数字经济发展。同时，工业互联网日益成为数字经济与实体经济融合发展的关键载体和现实路径，通过构筑智能化的网络基础设施，形成满足个性化、定制化需求的柔性生产和服务新范式。

其次，提高全民数字素养，为发展数字经济提供人才支撑。数字素养是指在数字技术环境下，人们使用数字资源有效参与社会进程的能力。数字素养已经成为国民素质的重要体现。东北地区要着力发挥教育优势，提高全民数字素养。一方面，通过在职培训提升劳动者熟练使用硬件设备和工作软件、对数字资源收集整理的能力；另一方面，发挥学校教育优势，不断培养具有数字经济思维模式、掌握先进技术的复合型人才。除此之外，应根据数字经济建设需要，在人才上下功夫，留住本地人才，吸引外地人才，做好东北籍专业人才回流。

最后，建立数字经济联盟，促进东北地区数字化产业发展。东北地区需建立多方协作的磋商机制，构建并完善数字经济联盟机制，将经济学、大数据、人工智能、通信技术等领域的专家学者和数字企业、传统经济企业等联合在一起共同发展。除此之外，数字经济与实体经济的融合创新必须以顶层设计为牵引，政府应明确发展重点，加快形成数字经济与实体经济深度融合且更加开放的政策体系，为产业发展构筑良好的政策环境。

世界经济数字化转型已经开始，在促进数字经济和实体经济深度融合的同时，新技术应用带来的风险和挑战也需要得到关注。发展数字经济过程中要加强数据的安全和管理，构建多元治理、协同监管体制，加快完善数字经济发展中关于数据的法律法规，从国家安全、个人数据、行业发展等层面确保数据使用法治化，严格按照国家网络与信息安全保护要求，确保数字经济建设过程中平台、网络、数据的安全使用。数字经济的发展对全世界而言既是机遇也是挑战，需要用全新的角度去理解数字经济，不断探索新的理论和实践体系推动数字经济发展，从而有效利用数字经济实现高质量发展转型。

第二节 关于辽宁省加快建设区块链试验区的建议

数字化浪潮正在重塑全球每一个角落，其中，区块链作为一项重要的新兴技术，在推动数字经济创新发展方面潜力巨大。区块链是发源于比特币的底层支持技术，随着近几年来数字货币的发展，国际上对区块链的研究探讨热度持续走高，并产生了很多与经济发展和社会治理等方面相关的应用。党中央对我国区块链技术发展也保持高度关注和支持，习近平总书记强调，区块链技术的集成应用在新的技术革新和产业变革中起着重要作用。我们要把区块链作为核心技术自主创新的重要突破口，明确主攻方向，加大投入力度，着力攻克一批关键核心技术，加快推动区块链技术和产业创新发展。辽宁应把握这样的历史机遇，尽快建立区块链试验区，成为东北地区区块链发展的重要节点。

一、建设区块链试验区能够促进辽宁经济高质量发展

（一）“区块链+”为实体经济赋能

辽宁是全国重要的装备制造业、重化工业、资源能源产业基地，是实体经济发展的重要集聚区、承载区，但由于传统发展模式越发不适应

主题多元化的经济发展状况，因此近年来增长日渐乏力。区块链技术应用产生的“区块链＋智能制造”“区块链＋供应链金融”“区块链＋工业互联网”“区块链＋产品溯源”等新发展模式，将为实体经济创造新机遇、新动能。区块链试验区的建立，相关技术的开发与应用，将成为辽宁新的经济增长极。

（二）引育兴辽科技人才

辽宁省具有丰富的高校资源，每年都会为数字经济相关领域培养大量人才，但高校毕业生普遍不愿留在省内，人才流失相对严重。建立区块链试验区，并给予相应优惠政策，将有助于留住相关领域现有的企业和人才，并吸引外部人才流入，进而产生集聚效应。这种人才集聚效应，将为辽宁全面振兴、全方位振兴提供重要支撑。

（三）吸引国内外企业来辽投资

辽宁是东北地区与国内其他地区联通的重要省份，也是东北唯一拥有出海口岸的省份，开展国内、国际贸易都具有天然的区位优势。但受多种因素影响，近年来省外、国外企业前来投资兴业的意愿显著下降。如果能够借助构建区块链试验区先行先试的重要机遇，利用区块链技术“净化”互联网环境的最大优势，在物联网、金融、供应链、电子商务等方面将辽宁打造成一个“全国最佳信用省份”，必将吸引大量企业来辽投资。

二、关于区块链试验区小区域与大区域设计

区块链试验区应按照小区域与大区域构建。小区域以沈阳自贸区为主，大区域扩散到沈阳全市。

沈阳自贸区包含浑南区、苏家屯区，依托国家全面创新改革试验区、国家自主创新示范区、国家高新技术产业开发区、国家产城融合示范区，政策叠加优势明显，适合做区块链试验区。同时，区块链技术在

供应链方面的应用能够极大提高沈阳传统制造业效率，节约成本、便于管理；在贸易领域的应用，如跨境支付、商业信用共享机制等，将有力促进自贸区建设，有利于沈阳制造业产品出口，缓解产能过剩问题，并促进沈阳产业转型，从而更好地助力辽宁振兴。因此，沈阳自贸区是建设区块链试验区的小区域最佳选择。大区域是沈阳全区域，将整个城市作为创业者和年轻人从事数字化产业的试验区，提供先行先试机会。

三、关于区块链试验区相关政策建议

（一）推进基础数据分类脱敏开放共享

到杭州调研发现，以医疗行业为例，互联网核心企业更看重脱敏数据共享开放，这样可以吸引企业核心团队向辽宁转移，只有核心团队入驻辽宁，才能真正推动经济增长。

（二）鼓励区块链在特定产业优先落地

完善市场准入制度，减少企业进入审批项目，简化审批程序。建立技术创新的市场导向机制，完善科研组织与管理机制，改革人才培育、评价和激励机制，健全促进科技成果转化的机制，鼓励区块链技术在传统领域改造中发挥作用。

（三）发挥学会、联盟集聚优势

中国计算机学会于2019年12月初在东北设立了办事处，应充分利用中国计算机协会东北办事处的作用。可以通过办事处邀请国内重要知名学者在本地开展学术交流和科研成果转化落地，组织活动助推辽宁区块链技术普及、推广，吸引更多企业和人才共同投身区块链建设、开发、应用。通过区块链实验区，解决东北近10年来互联网经济相对落后的问题，实现新的跃迁式发展。以区块链思维改变辽宁发展模式，充分享受数字红利，实现全面、全方位振兴。

（四）出台通证政策，同时做好监督

优质企业落地是建设区块链试验区的关键和重点。通证是区块链的特色应用，如果没有通证，将增加成本、减少效用，从而降低激励效果，区块链的优势便无法充分发挥。截至 2018 年底，海南区块链试验区尚未出台通证的相关政策，辽宁如果出台相关政策，并支持“生态通证”在辽宁省试验区合规性发行和应用推广，必将吸引大批优质企业入驻。同时，应借鉴澳大利亚的监管机制，以绝对谨慎的态度，采用“认证 + 执法”双保险监督机制。

第三节　加快推进辽宁省“适老化”技术改造，开拓全民共享数字生活新局面

随着我国老龄化程度的加剧和信息技术的快速发展，构建适老化数字社会已经成为社会舆论关注的焦点问题。根据 2021 年 5 月发布的《第七次全国人口普查报告》，辽宁省 60 岁及以上人口已达到 25. 72%，切实解决广大老年人在运用智能技术方面的困境和障碍，对于构筑全民畅享数字生活具有重要意义。为此，辽宁大学数字经济研究院以辽宁省 60 岁及以上老年人为调查对象展开调研，为协同构筑全民畅享适老化数字生活提供有效的策略支撑和实践依据。

一、我国老年人数字网络使用现状

（一）我国老年人面临数字鸿沟，亟须“适老化”变革

第 47 次《中国互联网络发展状况统计报告》显示，截至 2020 年 12 月，我国网民规模达 9. 89 亿人。但由于在运用智能技术方面面临诸多障碍，60 岁及以上老年人占网民比重仅 11. 2%，他们非但未能享受

数字化生活方式的便利，反而在出行、就医、消费等日常生活中面临越来越高的门槛，成为科技时代的局外人、沉默者。

智能技术、信息技术的应用极大便利了人们的日常生活，但对于占据我国人口将近1/6的老年人来说，技术的发展是弊大于利。当前，我国公共服务类网站及移动互联网应用（App）无障碍化普及率较低，适老化水平有待提升，多数存在界面交互复杂、操作不友好等问题，使得老年人不敢用、不会用、不能用；普遍存在图片缺乏文本描述、验证码操作困难、相关功能与设备不兼容等问题，使得老年人群体在使用互联网过程中遇到多种障碍，面临“数字鸿沟”。

提高智能技术产品在老年群体的无障碍使用率，是全社会努力的目标。2021年4月6日，工业和信息化部印发《关于进一步抓好互联网应用适老化及无障碍改造专项行动实施工作的通知》，拟加快推进互联网应用适老化及无障碍改造专项行动，助力老年人、残疾人等重点受益群体平等便捷地获取、使用互联网应用信息。

（二）我国“适老化”改革现状

为进一步解决老年人在运用智能技术方面的困难，使老年人更好地共享信息化发展成果，国务院办公厅于2020年11月印发了《关于切实解决老年人运用智能技术困难的实施方案》的通知，聚焦老年人日常生活涉及的出行、就医、消费、文娱、办事等7类高频事项和服务场景，提出20条具体举措。2021年4月工业和信息化部印发了《关于进一步抓好互联网应用适老化及无障碍改造专项行动实施工作的通知》，该方案表示要坚持以人为本的人机交互、提供多种操作方式、实现多样的推送形式、形成有效的服务闭环这四项服务原则，对页面布局、区域辨识、字体大小、语音阅读、验证码服务、多媒体播放控制等均做出了明确规范要求，也对限制诱导下载、诱导付款，保障老年人个人信息安全等问题进行了指导。

通过政府的政策引导，数字化发展带动“适老化”技术改革创新已是大势所趋。“适老化”项目已开始在一些领域崭露头角，彰显活力。

在金融“适老化”方面，让金融科技成果更好地惠及包括老年人在内的广大人民群众，保证在数字普惠金融的道路上“一个都不落下”。四川省都江堰市各银行金融机构多措并举积极推进金融服务“适老化”建设。在网点试点推行适老化金融服务，比如排号机增设爱心业务号，优先老年人等级，缩短他们的等待办理时间；建立老年客户档案，给予更贴心的金融服务；增设爱心窗口和爱心专座、无障碍通道、爱心轮椅、爱心手杖等“适老”设施；优化适老制度，通过贴心周全的便民举措满足老年客户的金融需求。

在移动互联网应用“适老化”方面，达达集团旗下“京东到家”积极推动App适老化改造，推出“长辈版”模式，提供大字体、极简功能选项，通过“云买药”“云逛超市”“云买菜”等便捷网购服务，让老年用户能够快速找到所需商品的信息，实现便捷购药买菜，夜间购药等即时需求也能得到快速满足。便捷网购服务让更多老年人可以更方便地享受到“万千好物，即时可得”的数字化福利，融入数字化生活。

推进信息技术领域产品的“适老化”改造可让老年用户以更低的成本拥抱互联网。老年人使用数字化工具，既能助力老龄社会数字化治理，又可以提高服务与治理效率；既能降低养老医疗的服务成本，又可以推动智慧养老、智慧医疗发展；既能提高智慧养老、智慧医疗的普及率，又可以提高服务的覆盖率，提高老人生活质量。

二、辽宁省老年人数字网络使用现状

（一）网络设备较为普及，但数字技能掌握程度偏低

调查显示，辽宁省76.04%的老年人使用的通信设备具有上网功能，上网设备持有状况较好，正在逐渐融入数字网络的浪潮中，但从整体来看，老年人的数字网络使用主要集中在与日常生活密切相关的通信社交和浏览新闻咨询等简便功能操作，而对于电商购物、移动支付、网上挂号和在线问诊等数字网络技能掌握程度偏低，使用人数占比普遍低

于40%。有新闻报道显示，老年人乘坐地铁因不会使用“健康码”受到工作人员阻拦、因不会移动支付购物受到阻碍等问题屡见不鲜，尽管辽宁省老人持有数字网络设备较为普遍，但在移动数字网络时代仍存在数字鸿沟。

（二）数字技能学习途径有限，且网络环境存在安全隐患

辽宁省85.64%的老年人学习途径主要是向家庭成员学习，仅有27.7%的老年人表示所在社区及街道开展过智能手机操作培训等活动，外部场域支持较为缺乏，这在一定程度上影响了老年人使用数字网络。网络安全已成为当前数字网络使用过程中的突出问题，这一问题在老年群体中表现得更加严峻。从老年人网络防诈骗状况来看，辽宁省72.09%的老年人表示遇到过网上虚假广告，66.33%的老年人表示遇到过网络谣言，64.71%的老年人表示遇到过网络诈骗，58.24%的老年人表示遇到过低俗色情信息。总的来看，整体网络安全环境较差，对于数字网络的信任程度会直接影响老年群体的数字网络使用意愿，因此，加强数字网络安全环境建设刻不容缓。

（三）适老化产品改造满意度较低，数字化政务环境不容乐观

在适老化产品改造方面，辽宁省老年人满意度较低，主要表现在近50%的老年人对当前智能设备的“屏幕尺寸”“听筒音量”“手机字号”等方面的满意度较低。早在2020年12月24日，工业和信息化部就印发了《数字网络应用适老化及无障碍改造专项行动方案》的通知，要求针对老年人，推出更多具有大字体、大图标、高对比度文字等功能特点的产品，鼓励更多企业推出界面简单、操作方便的界面模式，实现一键操作、文本输入提示等多种无障碍功能，提升方言识别能力，方便不会普通话的老人使用智能设备等，但目前辽宁省在数字网络产品适老化改造方面老人满意度较低，还有待加强。在数字化政务环境方面，辽宁省老年人对于疫情防控、线上缴纳保费、线上医疗服务、线上生活缴费

等政务服务的使用率较低，其中，社保、医疗服务这些与老年人生活密切相关的服务使用率仅有45.3%和41.96%。

三、辽宁省老年人数字网络使用存在的问题及原因

（一）老年人生理及心理因素阻碍数字网络使用

辽宁省是我国人口老龄化最严重的省份之一。在生理因素方面，随着年龄的增长，老年人身体健康状况不断下降，其学习及认知能力逐渐衰退，并且老年人文化程度相对较低（辽宁省51.87%的老年人学历在初中以下），对新事物的接纳和新环境的融入需要相对更漫长的过程。在心理因素方面，老年人在使用数字网络时，难免会遇到困难，若求助无门，难免会感到焦虑、产生畏难情绪，阻碍老年人使用数字网络。调查发现，辽宁省22.35%的老年人在使用数字网络遇到困难而向别人求助时，会觉得很丢面子，34.07%的老年人使用数字网络时会感到焦虑，老年人数字网络使用的心理问题需要关注。

（二）社区及街道数字化助老活动有待加强，安全可靠的数字网络环境尚未形成

72.3%的老年人表示周边及所在社区未开展过数字网络技能培训活动，究其原因，主要是由于社区开展数字网络培训活动难度较大且缺乏资金支持，服务的适配度较低使得社区助老功能未能充分发挥。网络安全已成为老年群体比较关注的问题。然而，辽宁省数字网络环境安全建设状况并不理想。一方面，老年群体网络安全意识较差，49.75%的老年人表示没有为自己的通信设备设置安全防护措施；另一方面，仍有老人表示遇到过网络诈骗、虚假广告、低俗色情信息等。可见当前的数字网络环境安全建设状况不理想，这也会造成老年人对于数字网络信任感的降低。

（三）企业适老化改造不足

老年人身体机能的下降，视觉、听觉等功能弱化，但是当前智能设备字体大小、屏幕亮度、音量、外观等老年群体特殊需求方面的适老化改造不足。此外，工信部在《数字网络应用适老化及无障碍改造专项行动方案》中指出，目前公共服务类网站及移动数字网络应用（App）无障碍化普及率较低，适老化水平有待提升，多数存在界面交互复杂、操作不友好等问题，老年人不敢用、不会用、不能用，普遍存在验证码操作困难等问题，使得老年人群体在使用数字网络过程中遇到多种障碍。

四、辽宁省适老化技术发展的对策及建议

（一）申请成为国家应对人口老龄化综合改革试点区

2021 年 2 月，中共中央、国务院印发《国家积极应对人口老龄化中长期规划》，对开展积极应对人口老龄化综合创新先行先试提出明确要求。当前辽宁的人口老龄化程度十分严重，位居全国首位。为此，省政府高度重视，改革意愿强烈，不断加强制度建设，进行改革创新，并取得了大量卓有成效的进展。可以说，当前辽宁已具备积极应对人口老龄化和构建老年友好型城市的基础，理应积极响应国家号召，申请成为国家首批积极应对人口老龄化综合改革试点省份。

辽宁省应以沈阳为着手点，以数字化技术为支撑，以加强老年人心理辅导、社区服务体系建设、网络环境优化、适老应用改造为改革重点，发挥“家庭互助”作用，落实“五社联动”政策，在科技适老产业、服务适老产业等方面大胆探索，构建家庭内部、社会外部协同支持模式，力争集全省之力在应对老龄化方面取得重大突破。同时起到带头示范作用，为全国提供可复制、可推广的积极应对人口老龄化经验。

（二）引导企业集聚、创新发展，打造丰富应用场景

2020年12月，全国首个国际化适老社会科技创新中心落户江苏溧水，其由江苏省产业技术研究院与南京市溧水区以及美国哈佛大学共建。可借鉴江苏的发展模式，在辽宁打造一个适老社会科研中心，汇聚人才和资源。以“适老”为关键词，围绕老龄化社会需求，涉及老年服务、医疗保健、适老用品等系列高端服务和适老产品，形成产业聚集。

推动全省将技术创新应用到适老产业，比如鼓励互联网设备开发商加大研发力度，打造适宜老年需求的智能设备，同时倡导设计开发老年人“喜闻乐见”的互联网应用软件，以技术创新驱动产业发展，加快辽宁占领适老产业高地，挖掘新的经济增长点。

（三）倡导开展教学，营造智能技术学习氛围

一是发挥家庭支撑优势。呼吁晚辈积极主动地对长辈进行手机教学，提高子代的“反哺意识”；同时提倡老年夫妻之间互相交流学习互联网设备，形成“老伴互助”效应。

二是发挥社会引导作用。加大智能技术学习的宣传力度，在老年大学、养老服务机构、社区教育机构等老年人集聚场所提供智能化生活的学习讲座，力争宣传活动“常态化”，通过体验学习、尝试应用、经验交流、互助帮扶等，减轻老年群体面对数字技术的心理压力，营造轻松的智能技术学习氛围。

三是发挥媒体传播效应。为满足老年群体“随处可学、随时能学”的需求，打造专属学习平台，引入终身教育学习的优质内容与服务，聚焦当下老龄化社会日益凸显的“数据鸿沟”问题，策划编排相关课程内容，引导老年人积极了解新事物、体验新科技，提高学习积极性。

通过集结全社会的力量，为水平不同的老年人提供多种学习渠道和学习场景，方便其结合自身需求选择学习方案，可以有效缓解老年人学习智能技术的心理压力和生理压力，最大限度提升老年人的互联网使用

能力和水平。

（四）提升公共服务便利化水平，为老年人提供便捷服务

根据老年客户群体数量和服务需求，在公众场合提供的智能设施要尽量简洁、贴心。例如，在医院、银行等老人集中的区域开通的网络自助服务要注重操作步骤简单，并做出简洁、明确的引导图，方便老人学习使用。另外，结合技术发展创新服务形式，在电商购物、移动支付、网上挂号和在线问诊等当前老年群体不擅长的数字化服务方面完善人工客服热线，实现精准识别客户年龄和需求，通过增设老年专属客服坐席、提供老年人专属菜单等方式，快速介入老年群体在操作过程中遇到的问题，为老人答疑解惑，帮助老人顺利操作，提升老年人的服务体验感。

（五）加强网络环境监管，优化数字网络环境

通过制定政策及法律法规，提升网络监管力度，保障老年人在网络世界的合法权益不被侵害。对老年网站进行严格的资格审查、周期性监督，保证网络平台发布信息的真实性、可靠性，营造绿色、健康的网络环境。此外，政府应呼吁互联网行业主体在注重经济效益的同时兼顾社会效益。与此同时，大力倡导互联网媒介注重社会效益，增强各个参与主体的社会责任意识，充分调动社会力量共同为老年人营造一个良好的互联网环境。

第四节　发展免税经济，助力辽宁沈抚示范区改革创新

2020 年海南离岛旅客免税购物新政的实施，使中国免税市场迅速升温，在国内经济大循环背景下，“免税经济”掀起的新热潮受到广泛关注。

辽宁沈抚改革创新示范区作为东北地区改革开放的先行区、优化投资营商环境的标杆区、创新驱动发展的引领区和辽宁振兴发展的新引擎，可以通过设立免税店等方式全方位打造免税经济体系，以制度创新促使其开放发展打开新局面。

一、“免税经济”在国内掀起新热潮

2020 年 7 月 1 日至 27 日，海关共监管海南离岛免税销售金额 22.19 亿元、购物旅客 28.10 万人次，较上年同期分别增长 234.19% 和 42.71%，环比分别增长 45.51% 和 12.63%。[①] 7 月 30 日，海口国际免税城项目互动主题商业区、服务区、创新产业聚合区等工程开工，当日动工的两个地块比原施工计划时间提前了 3 个月。

免税行业东风已来。7 月 30 日，武汉港发集团与中国免税品（集团）有限责任公司（下称“中免集团”）签订战略合作意向备忘录，中免集团于 2021 年在武汉长江航运中心大厦设立免税店，这是全国第六家市内免税店，规模和品类都将超过其他 5 家店。

目前，我国境内的免税店主要有口岸免税店、运输工具免税店、市内免税店、供船免税店及离岛免税店等，服务对象包括因公出国人员，华侨，港澳台同胞，在国内的外国专家，出国探亲、出国旅游的中国公民等。国内持有免税经营牌照的企业有 8 家，包括中免集团、日上免税行、海南省免税品有限公司、珠海免税、深圳免税、中出服、中桥免税、王府井。

1979 年，韩国开设了第一家市内免税店，目前已成为全球最大的免税市场，到 2019 年底，韩国市内免税店的销售总额在整体免税收入中占比为 85% 左右。根据中出服官网数据，截至 2019 年底，我国仅有 13 家市内免税店，整体仍以机场免税店和离岛免税店为主。

---

① 《新政实施以来海南离岛免税销售额逾 20 亿》，中华人民共和国中央人民政府网，http：//www.gov.cn/xinwen/2020-08/01/content_5531894.htm#1。

二、“内循环”背景下免税经济潜力巨大

2020年7月21日，习近平总书记在京主持召开企业家座谈会并发表重要讲话指出：“以前，在经济全球化深入发展的外部环境下，市场和资源‘两头在外’对我国快速发展发挥了重要作用。在当前保护主义上升、世界经济低迷、全球市场萎缩的外部环境下，我们必须充分发挥国内超大规模市场优势，通过繁荣国内经济、畅通国内大循环为我国经济发展增添动力，带动世界经济复苏。”①

面对当今世界正经历的百年未有之大变局，我国开始规划未来经济发展的新路线，以国内循环为主、国际国内互促的双循环发展的新格局正在形成。

中国免税与其他国家免税的不同在于，中国免税主要服务本国人。中国社科院旅游研究中心2019年2月发布的一份关于中国免税行业的政策演变和竞争格局的报告称，一直以来中国的消费外流现象明显，尤其是在奢侈品类上，仅有23%左右的奢侈品销售发生在国内。免税行业在中国的市场渗透率仍较低，近年来国内消费者18%的免税商品消费来自国内免税市场，但是有82%的比例来自国外免税市场。发展免税经济，未来空间广阔。根据麦肯锡的调研，65后和70后中仅有4%的人选择通过免税店渠道购买奢侈品，80后中仅有14%，这一比例在90后中相对可观，达到20%。免税途径消费更受到中国年轻一代欢迎，未来的增量市场有望在年轻一代消费能力提升中进一步突破。

近年来，各级政府部门为了积极引导国人海外消费回流，对于免税政策进行多方面改革。《中华人民共和国国民经济和社会发展第十三个五年规划纲要》第十章中明确指出，“积极引导海外消费回流。以重要旅游目的地城市为依托，优化免税店布局，培育发展国际消费中心。”2020年3月13日，国家发展改革委、中宣部、财政部、商务部等23个

① 《习近平在企业家座谈会上的讲话》，载于《人民日报》2022年7月22日。

部门联合印发《关于促进消费扩容提质加快形成强大国内市场的实施意见》，其中提到，“进一步完善免税业政策……建设一批中国特色市内免税店。鼓励有条件的城市对市内免税店的建设经营提供土地、融资等支持，在机场口岸免税店为市内免税店设立离境提货点。”相关专家认为，市内免税店是发展免税经济的利器，随着市内免税店的加速建设以及国外免税消费的回流，再加上经济内循环政策的支持，给一些地方带来的经济增量将十分巨大。

三、支持沈抚示范区免税经济大发展

作为全国首家也是唯一一家改革创新示范区，沈抚改革创新示范区将为东北全面振兴、全方位振兴探索可复制的经验。沈抚新区发展免税经济，不仅能促进境外消费回流，加快形成消费主导型的经济发展模式，拉动餐饮及交通的发展，推动可持续发展，而且能带动现代服务业的发展，加速沈抚新区对外贸易发展和国际化进程。

2017 年 3 月，辽宁省人民政府办公厅发布《辽宁省人民政府办公厅关于推动实体零售创新转型的实施意见》，指出将创新发展一批大型骨干连锁经营企业，鼓励沈阳、大连两市的大型商业设施向其他城市转移，并提到支持沈阳、大连等地区设立免税商店，抓好进口商品展示交易平台建设等举措，这些都让沈抚新区具备了政策上的“洼地”优势。在此基础上，建议采取务实举措促进免税经济大发展。

（一）吸引国内具有免税经营牌照的企业直接投资或联合投资，共同助力沈抚新区免税经济的发展

在免税市场有放开趋势的背景下，利用沈抚新区的战略地位及发展优势吸引国内具有免税经营牌照的企业进行直接投资，在沈抚新区设立市内免税店，帮助区内免税业务做大做强。同时，由于国内免税牌照稀缺，而免税行业又拥有巨大的市场潜力，省内企业若想涉足该领域的业务，可以选择与拥有免税牌照的企业合作经营，由公司提供相应的场地

或设立合资公司来开展免税业务，如合资开设免税实体店，扩大全省整体免税及进口商品经营规模，拓展省内企业的产业链条，向免税业务发力，从而获得免税店经营和收益分成，将沈抚改革创新示范区打造成东北区域国际、国内重要免税节点城市。

（二）以数据为基础引导免税经济发展

产业数字化是对传统产业进行颠覆性的供给侧结构性变革，数字产业化是培育新动能、驱动新发展的核心要义。在打造数字经济增长、推动数字产业发展的过程中，数据不仅是宝贵资源，而且是基础资源。以数据为基础，打造数据资产运营管理，落地城市大数据应用，引导免税经济发展，可以推动沈抚改革创新示范区生产率增长和经济结构优化，从而发展成为涵盖大数据产业顶层设计、数据应用创新研发、数字经济平台培育、推动数字产业生态完善的重要市场力量。利用大数据分析确定适合东北消费产品门类，同时扶持一定比例国内、省内的精品产品投放免税店，将免税店作为国产精品品牌的“孵化器”，用数据方向定制的方式引导厂商供给升级。实现以数据为基础，更好地服务消费需求，从而推动免税经济发展。

（三）探索适合沈抚改革创新示范区的免税政策

在海南的“离岛免税”火了之后，“离区免税”也有望在国内发展起来。可以借鉴海南模式，拟对乘飞机、火车离开沈抚新区（不包括离境）的旅客实行试点限次、限值、限量和限品种免进口关税、进口环节增值税和消费税购物。这一税收优惠政策一旦获批实施后，旅客可在沈抚新区实施离区免税政策的免税商店内付款，在机场、火车站隔离区提货离区。在沈抚改革创新示范区进行“离区免税”试点，有利于缩小境内外高品质商品消费价差，同时还能解决境外购物携带不便等诸多问题，带动沈抚周边以及东北地区居民高端消费从国外向国内转移，也可以在旅游旺季吸引国际消费人群。

辽宁沈抚改革创新示范区发展免税经济具有良好的前景，免税经济的发展无疑能进一步扩大免税商品范围、增加服务种类，并且通过数字化的消费体系、简便的退免税流程，促进贸易的便利化，提高人民的生活水平，推动经济高质量发展。

第五节　东北数字生态发展研究

一、东北发展数字生态的重要意义

（一）数字生态可以助推主体关联模式实现创新，实现网络效应

数字生态能够为实现转型的实体经济主体间进行协同合作发展提供较大的发展空间。首先，数字生态系统能够使企业有效学习行业内龙头企业成功进行数字化转型的相关经验，从而降低数字化转型的试错成本，提高数字化转型效率。其次，构建数字生态系统可以使政府能够更高效地提供数字化基础设施，提高公共服务能力，助力实体经济实现高效数字化转型。最后，服务商可以通过数字生态系统识别共性需求，对相关核心技术进行突破，从而为企业降低技术壁垒。因此，实体经济进行数字化转型，构建数字生态系统，需要企业、政府以及服务商的共同努力。

（二）数字生态可以推进产业链、供应链调整，实现资源优化配置

主体关联模式的创新可以使传统的产业链、供应链关系随之创新，从而有利于产业链上下游企业更好地进行协同合作发展，提高价值创造力，实现利益最大化。一是数字生态系统推动产业链、供应链关系调整，能够保证产业链上游企业实现稳定供给，为产业链下游企业提供安

全的供给保障。二是对于产业链下游企业来说，数字生态系统可以使生产、消费环节实现全程全网联合作业，更精准地捕捉消费者需求，提高供给效率。此外，数字生态还可以助推同类型企业间要素、数据、信息以及订单等实现共享，借助数字化创新提高产业竞争力。

（三）数字生态可以有效把握全球市场，为实现双循环提供有力支撑

数字生态能够依托数字平台对全球市场进行精准把握，通过对全球需求的精准研判，为我国产业链、供应链与海外市场实现精准对接提供有效途径。数字生态能够为国内大中小企业提供数字化服务，促进国内企业在全球交易中节约交易成本，提高交易效率，塑造强劲的竞争优势。同时，数字生态能够助推我国构建以国内大循环为主体、国内国际双循环相互促进的新发展格局，从而为我国应对复杂的经济形势提供有力支撑，助力我国在复杂的全球经济格局中掌握主动权和国际话语权。

二、东北数字生态发展思路

坚持以习近平新时代中国特色社会主义思想为指导，深入贯彻党的十九大和十九届历次全会精神，立足新发展阶段、贯彻新发展理念、构建新发展格局，抓住新一轮东北振兴重大机遇，大力发展数字生态，使数字生态成为推动实体经济与数字经济融合发展的助推器，从而实现东北经济高质量发展。以健全数据要素市场规则、营造规范有序的营商环境、加强网络安全保护为发展准则，加快推动数字经济和实体经济深度融合，力争东北地区数字生态建设水平位居国家前列。

（一）健全数据要素市场规则

一是推进社会公共信息数据开放共享。统一标准化的信息表单，制定完善的行政流程文档与信息数据库，加快推动各级政府部门信息同步、关联和数据库的联通，建设完善公共信息资源共享体系，稳步推进

资源信息共享与合作。

二是深挖社会大数据资源。加快建设社会大数据化体系，拓展数据来源通道。加快推进第三方数据库整理与汇集。建设社会传统行业的信息化与硬件设备的发展应用，以及新兴科技产业的改革应用。加快发展人工智能、云计算、大数据、物联网等信息技术应用，提高社会数据的处理和收集速度，建设完善的收集处理体系。规范完善标准的信息化流程和平台，使政府部门之间的各领域数据更加完善并实现互通共享。

三是完善交易规则标准。建立完善的数据管理流程和制度，提高数据处理的规范性和流通性。组建大数据处理中心，建立数据资源要素产权、定价、交易、结算、交付、安全保障等机制。

（二）营造规范有序的营商环境

为振兴经济发展，打造良好数字生态，应该将营商环境的改变和提升作为突破口，推进市场经济建设，规范市场秩序，提升制度建设水平，将市场资源与服务型政府有效结合起来，进一步推进营商环境法治化、规范化。通过加强信用体系建设、维护消费者合法权益、推进商事制度改革、完善市场监管、营造公正透明的法治环境等措施，营造重规范、讲诚信、低成本、便捷化、数字化、生态化的良好营商环境，从而为市场经济主体提供良好的发展空间。到 2025 年，使东北地区的营商环境跻身于全国领先行列。

（三）提高网络安全保护力度

要加大网络安全体系建设力度，提高网络安全保护力度。一是要推进网络安全体系的法治化建设，实现依法办理。同时加大执法力度，依法打击网络违法犯罪行为，保障国家、社会及公民的数据安全。二是发挥舆论的积极引导作用，加强对网络谣言的打击力度，强化舆论监督，培育积极健康的网络文化，营造良好的网络氛围。三是强化网络基础设施建设，加大网络安全技术攻关力度，运用现代化科技手段提高网络安全保护水平。

三、东北数字生态发展的主要进展

（一）辽宁数字生态发展的主要进展

1. 数据要素市场建设取得新进展

积极培育数据要素市场，促进数据要素自由流动，依托场景优势挖掘数据要素的价值，发挥数据要素对政治、经济以及居民日常生活的重要作用，从而提高数据要素的利用效率。

一是提高公共数据的开放共享程度。2018 年，辽宁省政务信息资源共享交换平台正式建成启用，并完成了与国家数据共享交换平台、各市政务数据共享交换平台对接，形成了国家、省、市互联互通的数据共享交换体系，实现了跨地区、跨部门、跨层级的数据共享交换功能。省政务信息资源共享交换平台汇聚发布各地区、各部门政务信息资源目录 4 万余条，归集了市场主体信息、婚姻登记信息、企业信用公示信息、社会组织信息、道路运输从业人员信息等多类数据，统一提供数据共享交换服务，支撑跨地区、跨部门、跨层级的政务信息共享与业务协同应用。目前，共有 706 个政务信息系统迁入省政府数据中心，40 多个省级部门接入省数据共享交换平台，发布各类数据接口约 200 个，数据表 4000 余个，数据文件 1300 余个，已建立 38 条数据交换通道，提供数据接口调用服务 4000 万余次，实现了国家有关部委、各市、省直各部门之间的数据交换应用，为支撑全省政务服务事项“一网通办”、开展疫情防控、实现自然人信息核验、法人信息查询核验等应用场景提供了数据支撑保障服务。为进一步推动政务数据资源优化配置和有效利用，各地市政府机关也在不断完善数据共享开放机制。以沈阳市为例，《沈阳市政务数据资源共享开放条例》于 2020 年 10 月 1 日起施行，该条例要求建立政务数据资源共享、开放的安全管理体系，制定完善政务数据资源共享、开放安全管理制度，建立政务数据资源风险防控体系，并定期进行安全演练，同时采取一系列安全防护技术，把政务数据资源管理应用提升到法治化建设层面。

二是深挖社会数据资源。积极推进中国移动、大连商品交易所等大数据中心落地。全省各地区还应积极与国内龙头企业合作，推动国家部委和重点企业在辽宁省布局建设区域性数据中心。目前，已经初步形成移动联通电信数据存储中心、华为沈阳云中心、紫光工业云中心、东网超算中心等体系。随着辽宁省大数据管理局的挂牌成立，东北能源大数据中心、中国移动位置服务中心等新建扩建项目也相继开工建设，与数据检测采集相关的新型科技在各行业中得到普遍运用。省人社厅在顺利完成人社、质监信息共享共建企业大数据国家试点任务的基础上，深入挖掘政府资源的经济价值和社会价值，促进部门间优质资源共享，依托质监部门的地理信息系统资源，开拓人社地理频道，并在决策支持和检查监管等领域取得积极效果，形成示范效应。大连市依托软件和信息技术服务产业优势，深入挖掘大数据资源，构建云计算支撑平台，推动相关产业不断发展壮大，在政务、医疗、教育、交通等领域推出各种新应用。近日，大连现代高技术产业开发出新一代交通管理系统，建成了辽宁省内第一个5G智慧物流园区——沈阳京东“亚洲一号”物流园，有辽宁壮龙、沈阳无距、辽宁通航研究院等通用航空、无人机产业基地也相继落地。在农业方面，广泛运用物联网技术进行环境监测、温度控制、智能灌溉、品种选育等，促进了农业的智能化发展，还建立了农业大数据平台，为消费者提供农产品溯源服务，也为农产品质量监管提供了有力支撑。

三是完善交易规则标准。《辽宁省政务数据资源共享管理办法》明确要求数据共享参与者遵循统筹规划、集约建设、汇聚整合、共享交换、有效应用、保障安全的原则，对政务数据进行开放共享，保障政务服务部门能够利用共享数据高效地进行服务，精简程序，优化流程，并及时向社会公布，同时加强共享平台安全防护和政务数据资源安全管理，确保政务数据资源共享交换时和归集后的安全。省大数据管理局的成立，对交易规则标准的完善起到了一定的促进作用。

2. 政策环境不断优化

辽宁省颁布了《促进平台经济规范健康持续发展的实施意见》，明确提出要建立健全适应平台经济发展特点的新型监管制度机制，涉及平台经济的营商环境、法治环境、公平竞争环境持续优化，政策体系、产业服务体系加快完善，工业互联网平台实现创新发展。此外，辽宁省还印发了《数字辽宁发展规划（1.0 版）》，组建了数字辽宁建设完善的管理机制和数字化标准流程体系，完善了信息标准化体系与企业信用体系。健全监督机制，从不同层次去评估整体状况，总结问题，解决问题。

3. 网络安全保护力度显著提高

一是发展网络安全产业。依托沈阳信创产业园，积极发展网络安全产业，并建成全省第一个市级以网络安全为主题的基地——沈阳市网络安全示范基地、绿盟科技中国北区运营总部基地，该基地面向社会免费开放，旨在建设风清气正的网络空间、共筑网络安全防线，综合保障沈阳城市网络安全，让市民可体验、可感知。产业园更加专注于提高网络安全的综合能力，着力于构建以新兴网络安全保护技术研究与网络攻防为主题标签的新兴城市，着力于互联网安全产业链的整体发展，大数据安全、云技术安全、隐私以及网络痕迹等与新时代发展息息相关的产业都将能在数字沈阳的新发展理念下不断茁壮成长。产业园将成为新沈阳的代名词，为沈阳的发展提供新的强劲动力。

二是打造网络安全保障体系。辽宁省网信办针对属地网络管理实际，统筹建设了网络安全态势感知、IPv6 发展监测等业务系统和技术平台，着力构建统筹协调、上下联动、数据共享、安全高效的网信系统技术体系和一体化网络应急指挥体系，变人工检索为智能检索，全面提升运用技术治理网络的能力和水平。在省政府的推动下，辽宁省网络安全保障工作联盟正式成立，该联盟将“保障网络安全，促进行业发展”作为根本宗旨和核心任务，致力于整合省内外网络安全资源，团结凝聚行业力量，充分发挥联盟覆盖面广、技术力量强、人力资源丰富等优势，积极参与和服务全省网络安全保障工作，成为网络安全的重要保障力量。

三是加强数据安全保护力度。辽宁省网络安全保障工作联盟成员包括亿赛通等全国数据安全行业的领军企业，可以确保有效降低数据安全风险，并确保敏感数据在加密状态下不改变和影响用户使用管理系统及工作效率，让安全性和可用性之间保持一定的平衡。同时，可以针对各种敏感文件进行数据安全保护，有效识别敏感数据，监控敏感数据使用情况，防止敏感数据外泄，通过培养和提高员工对敏感文件的保密意识，确保在各种复杂业务场景下企业核心数据资产不被泄露和非法窃取。

（二）黑龙江数字生态发展的主要进展

1. 数据要素市场规则不断完善

一是推进公共信息数据开放共享。2016 年，黑龙江省启动全省公用的公共资源交易平台建设。采取“省级建设，全省使用”方式，建成了黑龙江公共资源交易网、全省统一的综合评标专家库、15 个交易中心的公共资源交易体系，实现了集公共服务平台、电子交易平台、电子监督平台于“一张网”、集“四大板块”和疫苗、耗材等交易于“一张网”的全流程电子化交易，极大方便了省内公共资源交易活动的统一有序开展。为进一步推动公共数据资源优化配置和有效利用，各地市政府机关也在不断完善数据共享开放机制。以哈尔滨市为例，《哈尔滨市公共数据开放管理暂行办法》于 2020 年 8 月 31 日施行，明确提出全市建设公共数据开放统一平台，开放的公共数据实行统一目录管理，实现“应开尽开”，数据利用主体要在全市开放平台以数据下载或者接口调用方式直接获取公共数据。截至 2021 年，哈尔滨市公共数据已开放 46 个部门、5755308 条数据，建设了人口、法人、空间地理信息共享系统，采集了公安、民政、住房等 14 个部门相关信息。城市空间地理信息共享系统已采集路面地下供热、排水、通信等管线信息。全市开放平台向社会开放数据集覆盖公共安全、民生服务、经济建设等重点领域，实现了政府数据开放。政务数据共享目录清单达到了 200 条，涵盖营业执照、身份证、大学学历、婚姻、户籍、车辆、低保、公积金、不动产，以及中小学学历、执业资格证、公证等万余项数据资源，不断优化创新政务服务。

二是积极凝聚数据资源。黑龙江省政府出台多项扶持政策推动数字中心建设。在数据中心建设用地方面优先审批，对互联网数据中心（Internet Data Center，IDC）企业给予落地资金奖励，同时支持政府部门购买云服务，将云数据中心服务产品纳入政府采购目录。在创新技术研发领域，政府大力推动大数据企业核心产品研发，积极推进中国移动哈尔滨数据中心、哈南工业新城云计算中心以及大庆华为云计算数据中心落地。目前，中国移动哈尔滨数据中心已为省政府、省司法厅、省公安厅等32家厅委办局提供上云服务。2018年，中国移动哈尔滨数据中心通过了业界知名且权威的Uptime M&O认证，成为中国移动通信集团首家获得该认证的独立机构，同时也是我国运营商中第二家荣获此项认证的超级数据中心。这一成就标志着哈尔滨数据中心在国际上得到了认可，其数据中心的使用与维护水平已达到国际先进标准。积极推动数字经济承载产业园区——中国（黑龙江）数字经济生态产业园揭牌运营。该数字经济生态产业园集新媒体运营、数字营销、直播电商、培训孵化、视频制作、大数据服务、产业创新等功能于一体，后续将全面依托巨量引擎多元产品平台发展本地经济，利用巨量大学知识赋能体系培养本地营销人才，构建综合性、多元性的“移动互联网”一站式服务平台，为全省政商领域机构提供专业化、系统化服务。积极推动互联网、大数据、人工智能与农业产业深度融合，助力黑龙江农业全方位实现数字化、网络化、智能化转型。省农业农村厅与省农投集团、中国建设银行黑龙江省分行在哈尔滨签署了黑龙江省数字农业综合服务体系战略合作协议，以进一步促进农业提质、企业增效、农民增收。全面实施数字农业发展战略，建设农业生产数字化示范基地，打造农业物联网应用示范省、全国数字农业先导区，努力实现智慧化水平全国领先。

三是完善交易规则标准。《黑龙江省促进大数据发展应用条例》明确要求大数据发展应用坚持统筹规划、共享开放、依法管理、创新引领、安全规范的原则。对数据采集、存储、清洗、开发、应用、交易、发布、服务等单位制定明确的安全保护义务。在遵守法律制度，尊重社会公德，不损害国家、社会、公民利益，积极承担相应社会责任的基础上进行数据公开、交易等活动。相关条例的颁布实施进一步完善了黑龙江省数据交易的规则标准。

2. 政策环境不断优化

《黑龙江省政务信息资源共享管理办法》强调基于信息共享的业务流程再造和优化，通过信息共享创新社会管理和服务模式，提高信息化条件下社会治理能力和公共服务水平。进一步规范和促进黑龙江省政务信息资源共享，优化政务信息资源配置，有效支撑业务协同，提高行政效能，促进服务型政府建设。《黑龙江省优化营商环境条例》提出优化营商环境工作应当坚持以人民为中心、依法办事、公开公正、诚实守信、优化服务、廉洁高效和权责一致的原则，构建良好的人文环境，发挥市场在资源配置中的决定性作用，运用互联网、云计算、大数据、区块链等现代化技术手段，营造稳定公平透明、可预期的营商环境。

3. 网络安全保护力度显著提高

一是制定网络安全保护政策。《黑龙江省网络安全保障体系“十四五”规划建议》要求全面加强网络安全保障体系和能力建设，建立完善网络综合治理体系，坚决防范化解网上意识形态风险挑战，不断提升网信技术支撑能力水平。另外，黑龙江省人民政府办公厅印发的《黑龙江省网络安全事件应急预案》，明确了网络安全事件分级、组织机构与职责、应急流程、预防工作、保障措施等问题，完善了黑龙江省网络安全工作体制机制，提高了网络安全风险防控能力，为科学应对网络安全事件、维护公共安全和社会秩序提供了制度保障。

二是政企携手助力网络安全。省政府为进一步提高网络安全工作能力和水平，着力提升统筹协调能力、技术保障能力，成立了黑龙江省网络安全协会。协会广泛积累了政产学研各界资源，吸纳了一批网络安全领袖公司和创新团队，包括亿赛通等数据安全行业领先团队。协会积极宣传党和政府有关计算机信息网络安全方面的方针政策和法律法规，联络、组织社会各界关心和支持计算机信息网络安全保护工作的发展，集结全省优质资源携手保障网络空间安全。

（三）吉林数字生态发展的主要进展

1. 数据交易准则日益规范

一是加大公共资源开放力度。吉林省政务信息共享网站自2019年8月开通上线以来，遵循政务信息资源“应归尽归”原则，全力攻坚政务信息资源数据归集工作。截至2021年，数据归集入库总量突破19亿条，涵盖省、市（州）、县（市、区）三级，涉及公安、民政、教育、社保、交通等多个行业领域。吉林省公共资源交易管理委员会持续深化公共资源交易领域“放、管、服”改革举措，构建了全省公共资源交易横向互联互通、纵向全面贯通、标准统一规范、资源全面共享、全程一网通办的一体化平台体系。吉林省不断优化完善数据共享，2020年7月，上线运行新版吉林省数据共享平台。新版平台实现了全省各地各部门互联互通，做到了在统一基础上各具特色，省市县各级都有独立虚拟界面，委办厅局都有独立管理系统，各部门都有独立的通知公告和政策法规发布功能，方便各地各部门跨层级查询、跨层级申请数据资源，资源申请审核流程进一步完善，用户中心功能分工明确，用户维护平台更加便捷，极大地提升了数据共享交换效率。

二是深度融合社会资源。吉林省积极与国内优质企业合作，从而拉动本地经济发展。从2017年开始，吉林省就致力于运用大数据、物联网、云计算等数字经济新技术，促进文旅产业进行数字化转型发展，并与携程、马蜂窝等旅游电子商务（OTA）平台合作搭建了数字文旅服务平台，推出了一系列数字化产品，如雪博会、“吉”字号旅游产品等。吉林文旅依托大数据、物联网、云计算等技术，为更多技术、文旅、制造业等企业搭建了关联、合作的平台，提供了互联网消费服务的范例，如与华为进行一系列重要合作，以推进全省政务信息化。华为借助云计算、大数据、人工智能、5G通信等技术全力推动“数字吉林”建设。华为与吉林省政府开展合作，开启了数字化时代深度合作的序章。针对吉林省的产业布局以及实际情况，华为从顶层设计、行业数字化、基础设施、人才培养以及生态建设五大方面着手建立完善和持续的数字生态。吉林省政府与华为公司深度合作，出台了《“数字吉林”建设规划》，建设省级政府云平台，构建具备全栈能力的祥云大数据平台。推动汽车产业、轨道客车产业、航天信息产业的数字化转型。与一汽形成战略合作，推动智能网联汽车、红旗绿色小镇等发展，并且推动复兴号、奥运智能高铁、新一代地铁等轨道产业走向智能化，加快“吉林一号”等航天信息产业的发展，带动光学制造、精密加工、电子信息等领域。上线运营华为（长春）云数据中心，一期达到2万平方米，2万多台服务器、306万核、100PB能力。华为等企业在吉林省共同打造开放、创新、安全、可控的鲲鹏产业生态。阿里云与长春市在数字政府、数字金融、数字制造、数字农业、数字校园、数字旅游等多个领域展开合作，推进长春市数字化建设。

三是不断优化数据交易准则。《吉林省促进大数据发展应用条例》提出要对公共数据进行全生命周期管理，明确了省政府政务服务和数字化局对公共信息数据的采集、处理及共享和管理负责。为提高管理水平，还需要制定公共信息数据管理的标准，以及设定风险控制监测预警，并进行安全演练，促进公共数据管理的规范化和安全化。建设平台或者政务信息系统，明确各主体的责任范围，对数据安全事故的发生采取责任追究制度，以便做好数据信息安全保障工作。

2. 政策环境不断优化

吉林省结合本省对信息化建设、信息应用和信息管理的实际，为保障网络畅通、稳定、高效运行，确保信息资源安全可靠，出台了《吉林省统计系统网络信息安全管理规定》《吉林省促进大数据发展应用条例》等法规。另外，吉林省注重对人民群众的引导，线上线下同步举办了《中华人民共和国数据安全法》《关键信息基础设施安全保护条例》专题辅导培训活动，加强广大网民网络安全意识和知法、懂法、用法的自觉性，不断提高领导干部对信息化发展的驾驭能力和对网络安全保障的支撑能力，切实提升各级党政部门、关键信息基础设施保护工作部门及运营者依法维护网络空间安全的能力和水平，全面筑牢网络安全防线。

3. 网络安全保护力度显著提高

吉林省不断加强网络空间治理，优化网络生态，维护网络安全。省通信管理局建成互联网信息安全管理、网络安全监测分析预警、电信网络诈骗防范拦截三大系统平台，推动网络安全与信息安全治理工作由事后处置向事前预防转变，保障人民群众的合法利益。中国电信、中国移动和中国联通三家通信企业吉林分公司通过发送警示宣传短信、在营业厅显著位置张贴宣传海报、营业厅 LED 屏滚动宣传、用户入网时法律风险提示等方式，进一步加强内外部反诈警示宣传工作。四平市开展网络安全隐患排查，将自检自查、现场抽查和远程技术巡查相结合，针对全市各级党政机关尤其是重点要害部门开展全面排查，确保问题隐患及风险事件处置整改到位。加强网站、信息系统备案管理，落实网络安全属地管理责任。明晰职责任务，明确应急处置工作流程，并开展以事件处置为核心的应急演练。

四、东北数字生态建设面临的主要问题

（一）辽宁数字生态建设面临的主要问题

1. 数据要素市场规则不健全

目前，辽宁省有关数据方面的法律法规、部门规章主要集中在政府数据开放、个人信息保护和数据交易流通等方面，但在实际操作中缺乏具体细则：一是政府数据公开方面，缺乏针对政府数据公开的范围、数据质量评估等方面的具体细则，部门间共享数据的权利责任问题也没有厘清，从而制约了公共数据资源的进一步开放共享。二是跨境数据流动管理方面，在《中华人民共和国网络安全法》中，虽然强调关键信息基础设施的运营者在中国境内运营中收集和产生的个人信息和重要数据因业务需要，确需向境外提供的，应当按照国家网信部门会同国务院有关部门制定的办法进行安全评估，但没有出台数据跨境安全评估细则和

操作方法。三是数据交易和流通方面，《中华人民共和国网络安全法》要求网络运营者“未经被收集者同意，不得向他人提供个人信息”，但规定了例外情形，即“经过处理无法识别特定个人且不能复原的除外”，这为个人数据的流通提供了法律上的依据，但依然没有制定出台数据交易和流通的专门性法律法规。这种法律法规的不清晰导致很多有意义、有价值的数据要素流通被“授权墙”阻断。比如，有些数据分析任务在实际操作过程中，无法取得所有单个数据主体的授权，在此类场景下，使用去标识化和防身份关联技术，可以有效保证数据主体不被识别或关联，但目前的法律法规尚未明确这些技术是否可以在适当情况下替代数据主体授权。

2. 政策环境有待优化

为推进数字生态建设进程，辽宁省需营造良好的政策环境，但目前仍存在一系列短板亟须改进：一是关于大数据平台建设以及数据的收集、处理等方面的顶层设计不够充分，且数据开放共享程度不高，从而未能形成全方位互联互通、有效衔接的运营体系，以及缺乏行之有效的配套标准和考核体系，导致各级政府及部门间的业务协同能力不足、效率低下；二是在互联网平台、信息系统集成等新兴领域的企业数量明显不足，以致未能在人工智能、智慧医疗、新零售、新文娱等领域形成有效供给；三是虽然提出对新产业、新业态、新模式实行包容审慎监管，在监管手段上有所创新，增强事中事后监管的针对性、有效性，但是没有专门关于包容审慎监管的文件或法律法规，导致包容审慎监管的对象及界限不明确。

3. 网络安全保护力度不够

一是网络基础设施安全存在较大隐患。比如一些软件的程序本身就存在不可避免的漏洞，很容易诱发黑客攻击等一系列安全问题。此外，大数据的收集、处理等过程在很大程度上依赖云计算技术，因此云计算技术本身的安全问题也是网络基础设施安全的重要方面。

二是数据的生命周期安全面临危机。在大数据传输的各个环节都存在安全危机，即使对数据进行脱敏处理等技术保护，也不可避免地面临安全问题，比如数据泄露、被篡改、失真等问题的存在，都会对数据的生命周期安全带来严峻的挑战。

三是网络安全技术体系不完善。主要是需要构建高标准的网络安全技术体系，以新型安全技术为基础，保障网络安全体系的科学性、合理性，进一步打造以省大数据管理中心为主体的纵深防御安全体系，实现横向隔离和纵向认证，通过加强数据加密技术、虚拟化技术，保障网络安全。

（二）黑龙江数字生态建设面临的主要问题

1. 数字生态建设体系尚未明确

《黑龙江省国民经济和社会发展第十四个五年规划和二〇三五年远景目标纲要》在产业融合发展方面提出着重推动第一产业的全方位交互发展，充分发挥现代林业与高新技术产业结合的产业优势，而对于其他产业数字化发展未提出明确的指南，未明确可供直接借鉴的数字生态建设体系规划。

2. 数字化关键领域缺少标志性项目

数字经济生态产业园处于初步建立阶段，数字化营销基础设施尚未覆盖全省。数据要素与传统要素相结合效果不明显，数据要素交易市场尚未建立，大中小企业相互支撑、协同合作的大数据产业生态系统尚未培育形成。应进一步完善数字产业链，培育智能化设备发展，开拓生产、生活、交通等领域的智能化应用，加大各行各业的智能化改革力度，应用新兴技术大数据、云计算等，进一步提高智能化程度，打造“5G + 智慧行业”应用体系生态圈。

3. 公共资源交易活动有待完善

公共资源交易和政府采购领域存在突出问题。公共资源交易活动中存在平台重复建设、交易标准不统一、整体电子化水平低等突出问题。在营商环境方面，存在落实能力不足、改革创新能力不足、攻坚克难能力不足、专业化能力不足、依法办事能力不足、群众工作能力不足六方面问题。需要加强干部队伍建设，建设学习型团队。

（三）吉林数字生态建设面临的主要问题

1. 数据交易准则有待完善

《吉林省促进大数据发展应用条例》主要是针对本省数据处理活动，对于跨区域数据传输缺乏必要的规范。可以参考《工业和信息化领域数据安全管理办法（试行）（征求意见稿）》制定相关标准制度。其中提到工业和电信数据处理者在境内收集和产生的重要数据，应当依照法律、行政法规要求在境内存储，确需向境外提供的，应当依法依规进行数据出境安全评估，在确保安全的前提下进行数据出境，并加强对出境后的跟踪掌握，核心数据不得出境。另外，对于数据应分级分类处理，建立数据的分类分级保护制度，以此促进数据的安全流动，提高可交易性。应对工业数据、电信数据、工业和电信数据处理者的概念和范畴进行界定。

2. 政策环境有待规范

鼓励企业、商业机构依法采集生产经营活动各环节的数据，建立数据资源中心，对数据开展分析发掘和增值利用。但是关于平台企业的定位尚不明晰，没有相应的监管规则。同时，在无人驾驶、在线医疗、金融科技等新兴产业没有具体的监管框架，对于数字经济的统计监测体系不够科学。科研机构、大数据企业、行业协会等关于大数据发展应用的标准不统一，无法达成互联互通的交易准则。

3. 网络安全保护有待加强

人工智能作为新一轮科技革命和产业变革的核心力量，正在助力传统产业升级转型、驱动智能经济快速发展，在制造、教育、医疗、金融等领域产生重要影响，但是也会引发诸多社会风险。例如，对信息数据的过度需求使数据安全和隐私保护问题日渐突出。因此，在数据采集、分析和使用方面需要制定更明晰、严谨的规定。当前，吉林省网络安全保护方面的法规还不够全面，并且公共数据面向大众的开放力度还不够大。网络安全产业的发展水平高低不一，尚未形成竞争发展的局面。

五、东北数字生态建设存在的优势

（一）辽宁数字生态建设存在的优势

1. 政策优势

一方面，“十四五”规划明确要求打造良好数字生态，出台了一系列重大决策部署，为辽宁建设数字生态提供了清晰明确的方向。另一方面，辽宁省委、省政府高度重视建设数字生态，将“数字辽宁、智造强省”建设作为主攻目标，打造理想的数字生态，推动数字经济与实体经济深度融合。高度重视示范先行，研究并出台了多项引领政策，将辽宁省数字生态建设提升到战略高度，为抢占先发优势奠定了基础。

2. 合作优势

辽宁省政府积极推动与企业合作共同打造良好的数字生态，为产业实现融合发展奠定了基础。中软国际与辽宁省人民政府签署《战略合作协议》，双方进行战略合作联合创新，依托辽宁省政府在统筹管理等方面的优势和中软国际生态合作圈的资源，构建数字经济新生态。创新基地将打造“一总部、二中心、一园区”的数字化服务生态体系，为全省数字经济产业业态形成提供支撑。围绕信息技术产业，加速重点行业国产化进程，培育信息技术产业生态。牵引全国优秀软件企业和人才落地示范区，汇聚产业集群，打造沈抚示范区数字经济产业生态。

（二）黑龙江数字生态建设存在的优势

1. 产业优势

黑龙江省智慧林草大数据建设与应用成果突出，设计理念超前、技术支撑有力、数据渠道广泛，与国家生态网络感知系统融合衔接进展快速，并率先在三北地区完成了绿化上图入库工作。省大数据中心搭建全省林草系统政务体系、生态体系、产业体系、安全体系的数据平台，真正实现了数据信息从“碎片化”“孤岛化”到“集中化”的统一管理，实现了数据互通互联。黑龙江凭借全国最大面积的森林、众多的江河湖泊、独特的火山地貌及丰富的冰雪旅游资源，已培育了一批国内外知名的旅游品牌，借此积极建设智慧旅游平台，形成“全省旅游一张网”，塑造以绿色、生态、田园为特色的龙头品牌，推动了旅游业的发展。

2. 协作优势

黑龙江政府积极推进与企业协同发展。阿里云联合黑龙江本地企业共同打造“黑龙江本地域的城市大脑生态”，推动黑龙江地区的高科技企业与行业中的大型企业合作。目前阿里云在黑龙江市场已经在平安社区、城市物联网、全域旅游、产城融合、数字乡村等领域与地方政府及相关企业展开合作。黑龙江省各市积极建设数据中心，已有中国移动哈尔滨数据中心、哈南工业新城云计算中心以及大庆华为云计算数据中心落地。哈尔滨市开展运营服务的数据中心有 25 家，投产数据中心机房总面积达 10 万平方米，为全市两万余户企业提供服务，处于全国领先水平。

（三）吉林数字生态建设存在的优势

1. 政策优势

“十四五”规划中提出建设“数字中国”，将数字生态建设提升至国家战略地位，为吉林进行数字生态建设提供了政策纲领。吉林积极响应中央部署，高度重视数字经济、数字社会、数字政府建设，为形成良好的数字生态奠定了现实基础。吉林省及时出台有关数据安全、数据交易规则的政策文件，为本省人民群众、企业在数据使用、交易方面提供了指导，将数字技术融入经济、文化、教育的方方面面，转化为吉林的发展优势。

2. 历史发展优势

吉林省不断推动“数字吉林”建设，基础设施建设稳步加强，电子信息业态发展迅猛，在智能制造、数字政府、智慧农业、智慧文旅等方面取得明显成效。积极与华为等企业进行深度合作，上线“吉林祥云”大数据平台、成立华为（长春）云数据中心，成为吉林诸多产业的基础；以工业数字化为抓手加快推动转型升级，促进吉林省汽车、石化、农产品加工、装备制造等产业迅猛发展。在产学研合作方面，成立了长春数字经济产学研创新联盟，涵盖多所名校名企，形成了良好的生态圈，落地了一系列智慧应用，为吉林构建良好的数字生态提供了发展优势。

六、横向比较分析与典型省市经验模式

（一）横向比较分析

将东北地区数字生态发展水平和全国各省、区、市的数字生态发展水平做横向比较，结合《数字生态指数 2020》评价结果，以生态指数作为衡量标准进行分析。

总体来看，我国呈现四型联动、多维关联、经济依托的省级数字生态，具体表现为各个省份根据生态特征可划分为全面领先型、赶超壮大型、发展成长型和蓄势突破型。东北地区数字生态发展属于蓄势待发型，处于全国下游水平，与全面领先型、赶超壮大型、发展成长型地区具有一定差距。从区域发展情况来看，京沪浙等全面领先型地区在总指数上国内领先，在分指数上没有明显弱环，是全国数字生态发展的先导区和标杆城市。山东省数字基础和数字能力都比较扎实，而贵州最先响应和落实国家大数据战略，拥有较为良好的政策和数据基础。相较之下，黑吉辽三省发展相对滞后，但是东北地区具有结构禀赋，正在不断转型优化，仍然具有巨大的发展潜力。

进一步，通过综合比较分析发现，与黑吉辽三省数字生态发展水平相近的地区主要包括山西、广西、海南等地。从发展特色和比较优势来看，海南政府在数据资源建设方面具有一定优势，抓住了自由贸易港建设的历史机遇，发挥制度集成创新的优势。吉林与华为公司合作，从顶层设计、行业数字化、基础设施、人才培养以及生态建设五大方面入

手，建设起完善和持续的数字生态，为“数字吉林”注入源源不断的数字活水。因此，辽宁省要充分发挥已有的政策优势、合作优势，并且要找差距、学经验、补短板，向发展成长型省份看齐。

（二）典型省市经验模式

1. 浙江省经验模式

浙江省借助企业创新生态系统。浙江拥有良好的数字生态供给，有利于推动企业转型升级。在转型过程中，大企业发挥领头作用，带动着中小企业一起“转”；但同时，许多中小企业存在“不会转”“不敢转”的难点，此时更需要借助企业创新生态系统中的各方力量。浙江鼓励大企业探索提供数字化转型工具，帮助降低企业转型门槛，为其“破圈”转型找到自洽思路。

2. 北京市经验模式

北京市鼓励自主创新与协同发展两线并行。企业既要内部创新人才培养机制以及培育创新企业文化氛围，不断提升企业自我发展潜力以及创造力，提高整体企业活力与面对风险的抗压力，又要与其他企业联合发展，通过以“一带多”的模式进行企业间相互合作，提高整体的抗风险能力，形成一定的产业规模，为北京市的发展提供强大的动力。“一带多”模式既以龙头企业牵头进行整体产业发展规划和技术设计，又支持整体产业群实现技术规范与分享，进行联动发展。同时，北京积极发展第三产业和技术外包产业，提升场景服务效率。

3. 山西省经验模式

山西省打造数据流量生态园。山西省委统战部创新工作方式，以数据流量生态园为载体，打造“3 + N”数字经济生态模式，使数字资源加速集聚，建成全国首家数据流量生态园并投入运营，抢占了数字经济发展的制高点，让数据活起来、跑起来，持续催生新业态、发展新动能，赋能实体经济。

七、加快东北地区数字生态建设的对策建议

结合东北地区实际，建议以加强网络安全保护、区域数据交易中心、加强绿色数据中心建设等数字化基础设施为抓手，以建立符合数据要素性质的市场规则、营造规范有序的政策环境、加强网络安全保护、加强数据安全保护为保障，推进政府、企业和个人等社会经济主体通过数字化、信息化和智能化等技术，进行连接、沟通、互动与交易等活动，从而形成围绕数据流动循环、相互作用的社会经济生态系统，最终实现数字生态的长效发展。

（一）建立符合数据要素性质的市场规则

一是建立合理的数据要素市场体制机制，保障数据资源供求双方交易的公平性，建立规范的数据交易平台，提高交易的便捷性，并加快促进数据要素市场规则与传统生产要素相适应，使各种资源实现效用最大化。二是建立健全数据产权交易和行业自律机制，推进全流程电子化交易，提升要素交易监管水平。三是充分平衡数据的双重属性：从资本角度，鼓励企业使用数据要素开展创新活动；从劳动角度，鼓励数据要素所有者充分贡献出自己的数据资源并提高数据供给的质量。

（二）营造规范有序的政策环境

建立更加完善的法律法规体系支持数字经济发展，解决当前数字经济发展中暴露出的问题。重视防范数据风险，针对互联网平台，加大监管范围，加强监管力度。健全管理规范保障共享经济、平台经济和新个体经济健康发展。定期审查行政许可、资质资格，对不符合规范的及时清理。

（三）加强网络安全保护

一是认真把握安全和发展、自由和秩序、开放和自主、管理和服务

的辩证关系，整体推进网络内容建设、网络安全、信息化、网络空间国际治理等各项工作；二是网络安全保障要坚持依法治网、管网、用网，大力推进《中华人民共和国网络安全法》《中华人民共和国数据安全法》《中华人民共和国个人信息保护法》《关键信息基础设施安全保护条例》等法律法规的贯彻实施；三是网络安全保障坚持技管并重，加强网络安全管理，落实网络平台主体责任和行业自律，健全网络安全监测、预警、应急和技术支撑服务保障体系；四是坚持打防结合，坚决打击网络违法犯罪，严防有害、虚假信息的扩展蔓延，不断提升网民正确用网能力和安全防范意识；五是坚持创新发展，加强关键设施、关键数据、关键技术、关键要害的安全保护，推动网络空间共享共治。

（四）加强数据安全保护

一是将维护数据安全放在至关重要的位置，打造互信、包容、开放的数字生态环境；二是切实做好国家数据安全保护工作，制定数据安全保护方面的法律法规，对大数据进行安全管理，进一步细化完善个人信息保护规定，从严制定相关规定条款，对于关键环节加强数据安全监督，严惩危害国家数据安全的一系列行为；三是新闻媒体加大对数据安全保障的宣传教育力度，构建良好的社会生态环境；四是加强大数据安全技术创新，从而保障大数据安全的生态系统；五是建立和强化数据安全责任制，出现数据安全问题要找到相应的负责人来承担责任；六是企业要提高数据安全保护能力，加强数据安全检测预警，提升处理突发事件的能力；七是履行数据安全保护义务，在相关法律法规的约束下，对数据进行收集、处理、利用等一系列操作；八是严格遵守社会公德，自觉承担起相应的社会责任，充分保护国家利益、公民合法权益和尊重他人正当权利；九是不断提高数据的保密意识和数据保护能力，将其贯穿整个数据防泄密项目，从源头保护数据。

后　　记

数字经济在《中华人民共和国国民经济和社会发展第十四个五年规划和2035年远景目标纲要》中多次被提及，其中第五篇第一部分着重指出，要打造数字经济新优势，充分发挥海量数据和丰富应用场景优势，促进数字技术与实体经济深度融合，赋能传统产业转型升级，催生新产业新业态新模式，壮大经济发展新引擎。“十四五”规划还提出数字经济核心产业增加值占GDP比重从7.8%增加到10%的发展目标。数字经济的持续发展也将是未来中国经济增长的重要推动力量。

数字经济的概念最早可以追溯到1996年，随后各国政府便采取措施将数字经济作为推动经济增长的新动能，数字经济的内涵也就不断地丰富和发展起来，从数字产业化、产业数字化开始，到目前丰富为数字化治理和数据价值化。当然我们认为随着新技术的不断应用，数字经济的内涵和外延还会不断地迭代发展。

数字经济之所以这样受重视，是因为它与社会经济发展的脉络息息相关。数字经济是继农业经济、工业经济之后新的经济形态，正在对社会发展多方面产生重大影响。2020年我国数字经济规模为39.2万亿元，占GDP比重为38.6%，而2005年我国数字经济规模为2.62万亿元，占GDP比重为14.2%，保持目前的增速，未来10年，数字经济总体规模将达到GDP的50%以上。从全球各国数字经济规模占GDP比重看，美国和英国处于领先地位，均超过了60%，我国还需促进数字技术与实体经济深度融合，赋能传统产业转型升级，从而进一步提升数字经济占比。

当前是东北经济转型关键期，深入推进东北数字经济发展意义重大。东北应紧抓数字经济发展的重要机遇期，不断推动数字技术与实体经济深度融合，发挥丰富应用场景优势，在产业转型升级过程中不断提升数字经济的引擎作用，促进东北振兴发展。

本书第一章介绍了全球数字经济发展情况，第二章基于数字中国体系，对中国社会的各个方面的数字化发展分别进行了阐述，第三章围绕数字经济七大重点产业进行了分析。数字经济重点产业包括云计算、大数据、物联网、工业互联网、区块链、人工智能、虚拟现实和增强现实。这些重点产业也是数字经济发展的核心，在这些领域要突破“卡脖子”的关键技术。数字经济发展一定要在融合技术领域有所突破，任何产业数字化的应用一定是上面几种核心技术的融合，单一的技术不能全面解决问题，融合技术是数字经济的基础。最后，本书提出了东北地区发展数字经济的路径探索。

感谢辽宁大学资深教授、我的博士生导师林木西多年的指导，感谢张紫薇、王炳坤对部分内容进行修改完善，感谢于月、李砚艳、于汐、任芳慧、张鹤舰、包书妮等帮忙收集整理资料，感谢潘继宗、林敬哲协助完成校对工作，感谢辽宁大学应用经济学一流学科建设办公室和经济科学出版社财经分社对本书的出版给予的帮助。

潘　宏

2022 年 1 月 14 日